Voici la France

Duncan Sidwell

Martine Benitez

Bernard Kavanagh

Chancerel

Préface

Voici la France présente un panorama de la France et des Français. Il traite d'une variété de thèmes allant de l'histoire de France jusqu'à la France contemporaine : institutions politiques, industrie, économie, vie quotidienne et culturelle.

Le texte est accompagné de deux sortes d'activités. Ces activités peuvent être facilement repérées grâce à deux symboles. Le symbole ◆ dirige l'étudiant vers une activité qui fait référence au texte et aux illustrations ou photos. Le symbole ❖ propose une activité qui encourage l'étudiant à réfléchir et à exprimer une opinion.

Les activités écrites et d'écoute (avec l'appui d'une cassette) du livret de travail permettent à l'étudiant de mettre en pratique ses connaissances de la langue française.

Rédaction : Picot Cassidy, Anne-Christine Lehmann, Peggy Maroutian
Iconographie : Anne Dunin
Maquette : Wendi Watson, Gregor Arthur (couverture)
Illustrations : Cedric Knight, Peter Muggleston

Crédits photographiques

Couverture : Jan Chipps (3) ; Futuroscope (UK) ; Yves St-Laurent. Aéroports de Paris/J.L. Fernandez 77 ; Air France – Dir. Communication 77 ; Allsport UK Ltd. 5, 39 ; Ancient Art and Architecture 8 ; A. Andrault 23, 33, 103 ; Artificial Eye 62 ; BBC World Service 70 ; Bibliothèque Nationale 9, Diffuseur : Documentation Française 65, 68, 69 ; Brigade des Sapeurs-Pompiers de Paris – Bureau Information Relations Publiques 57 ; Britanny Ferries Photolibrary 7, 20, 28 ; Canal + 4 ; Centre Historique Minier Lewarde 80 ; Centre Jeanne d'Arc (Bibliothèque Nationale) 10 ; Cephas Picture Library – N. Blythe 75 ; S. Boreham 26, 28, 47, 79, 84 ; M. Rock 7, 20, 83, 85 ; D. Valla 53, 88 ; Chancerel 16, 21, 34, 35, 39, 51, 82, 92 (2), 101 ; Chancerel/P. Cassidy 4, 13, 25 (2), 28, 29, 30, 36, 39, 47, 48, 73, 75, 76, 77, 81 (4), 83, 85, 99, 110 (3), 112, 114 (2) ; Chancerel/C. Prowse 44, 110 ; Chancerel/D. Prowse 24, 28, 29, 30, 31, 32, 84 (2), 89, 100, 101 (2), 108, 110 (3), 115 ; J. L. Charmet 16, 17, 65, 66, 68 (2), 69, 70 ; J. Chipps 14, 15 (2), 31, 32, 36, 49, 50, 52, 74, 101 ; Citroën UK 51 ; C.N.D.P. – Diffuseur : Documentation Française 71 ; Coll. et cliché E.N.P.C. Paris 33 ; Collection CDT Gard 9 ; Comité départemental de tourisme de l'Isère 39 (Photo C. Sarramon), 116 ; Comité des Fêtes, Ville de Nice 41 ; Comité régionale de tourisme Languedoc-Roussillon 45, 85 (Monticelli) ; Courtauld Institute Galleries, London (*Le bar aux Folies-Bergère* – Edouard Manet) 60 ; CRIPS/L. Chemin 35 (2) ; Das Photo 7, 14, 33, 74, 75, 78, 86 (2), 87 (2), 89, 90 ; Documentation française 7, (Ch. et J.-C. Pinheira), 14 (L. Fourneaux), 20 (F.X. Emery), 21 (P. Kohn), 22 (F. Iualdi), 23 (P. Kohn), 23 (Ph. Bouclier), 24 (J.-P. Hochet), 35 (D. Thierry), 40, 42 (2), 61 (J. Niepce - Rapho), 65 (Photo Harcourt), 65, 78 (Taulin-Hommel) ; A. Dunin 20, 40 ; École Polytechnique/J.L. Deniel 42 ; E.C.P. Armées : Diffuseur Documentation française 69 ; Egunkaria 13 ; E.P.P.V./Armand Legrain 74 ; European Monetary Institute, 1997/European Central Bank, 1998 101 ; European Space Agency/B. Paris 53 ; Florence Lelong 37 ; Flunch/Didier Knopf 25 ; Fondation St Louis 16 ; Food and Wine from France Ltd. 26 (2), 83, 87 ; France Limousin Sélection 88 ; Front National – Atelier de Propagande 55 ; Futuroscope, Poitiers 89 ; Gamma/Apestegui-Gaillarde 5 ; K. Gibson 41, 48, 78, 97 ; Alain Goustard – *Site de la BNF à Tolbiac, 1946* – Dominique Pérrault –

Couverture (photos) : le fond/au centre - Le Pavillon de la Communication à Futuroscope "Parc Européen de l'Image" à Poitiers ; en haut à gauche - Train à Grande Vitesse ; en bas à gauche - marchand de charcuterie ; en haut à droite - Yves St-Laurent - mannequin ; en bas à droite - château - Azay-le-rideau

© ADAGP, Paris, and DACS, London 1999 75 ; I.N.R.P./Musée National de l'Education, Rouen 11 ; Talent Sourcier 63 ; La Photothèque EDF 7 (Photo Marc Morceau), 49 (Photo Michel Brigaud) ; La Vie du Rail/Besnard 52 ; Laboratoires Wellcome S.A. 45 ; Les Verts – Secrétariat National 55 ; Life File/J. Hoare 33 ; Lycée Charles de Gaulle, Londres 17 ; Mansell Collection 58 ; Médecins sans Frontières 5 ; Ministère de la Cooperation 56 ; Ministère de la Défense – Direction Générale de la Gendarmerie 56 ; Moët & Chandon 50, 81 ; Musée des Arts et Métiers, Paris/Photo Studio CNAM 64 ; Musée Fabre, Montpellier 60 ; Musée Institut Pasteur (*Pasteur dans son laboratoire* – A. Edelfelt) 65 ; Musée National Adrien Dubouché, Limoges 88 ; National Gallery : *Le débarquement de la reine de Saba* – Le Lorrain 58, *Nature morte avec verre et journal* – G. Braque 61 ; Novotel Coralia, St.Gilles, Ile de la Réunion/G. Vanderstichele 90 ; Office de Tourisme, La Grande Motte 44 ; Office de Tourisme – Syndicat d'Initiative de Dijon 82 ; Palais de la Découverte 65 ; Parc Naturel Régional d'Armorique/J.-P. Gestin 44 ; Parti Communiste Français 55 ; Parti Socialiste 55 ; D. Pasquiers/Le Bar Floréal 34 ; Photo Aerospatiale 52 ; Photo Le Doaré 44 ; Photothèque des Musées de la Ville de Paris/c DACS (*Ile-de-France* – Aristide Maillol) 61 ; Présidence de la République – Service Photographique – Diffuseur : Documentation nationale 43 ; QA Photos Ltd. 80 ; Rassemblement pour la République – Documentation 55 ; Restaurant Paul Bocuse 27 ; Réunion des musées nationaux : Pièce de monnaie – Photo G. Blot 8, *Louis XIV* – H. Rigaud 11, *La Leçon de musique* – J.H. Fragonard 59, *Le radeau de la Méduse* – T. Gericault 59, *Louis XVI* – J. Duplessis 66, *Napoléon* – J.-L. David 67, *La Liberté guidant le peuple* – E. Delacroix 57 ; Rhône-Poulenc 22 (2) ; Roquefort Société 86 (2) ; K. Salter 19 ; Sea and See/Daniel Allisy 39 ; Secours Populaire Français 34 ; D. Sidwell 22, 24, 26, 27, 29, 30, 34, 44 (2), 45, 47 (2), 48, 54, 56 (3), 89 ; Société Générale – Direction de la Communication 45 ; SOS Grand Bleu 48 ; Spectrum Colour Library 76 ; Sporting Pictures (UK) Ltd. 38 ; TF1 36 ; The Royal Collection 1990 Her Majesty the Queen 16 ; Union pour la Démocratie Française 55 ; E. Woodbridge 15 ; York Archeological Trust, Yorvik Centre 9 ; Yves St-Laurent 4 ; ZEFA Picture Library (UK) Ltd. 85.

ISBN 1-899888-61-6
PN 10 9 8 7 6 5   /04 03 02 01 00 99

Chancerel International Publishers Ltd.
120 Long Acre
London WC2E 9PA

Achévé d'imprimer par Wellprint, Hong Kong

Sommaire

C'est bien français !

❖ Quand vous pensez à la France, quels sont les aspects qui vous viennent à l'esprit ?

Le goût pour le moderne

On retrouve ce goût pour le moderne dans de nombreux grands projets nationaux comme la Pyramide du Louvre et la Grande Arche de la Défense à Paris. En province, il y a aussi des projets architecturaux intéressants. Ci-dessus on voit la mairie de la ville de Carnac, une commune de 4 332 habitants, en Bretagne.

La mode

Paris est la capitale mondiale de la haute couture. Chaque année les grands couturiers présentent leurs nouvelles collections. Les vêtements de haute couture sont en général trop chers pour le grand public, mais leur style influence le prêt-à-porter.

La tradition humoristique

Un côté satirique de l'humour français apparaît dans certains journaux et émissions télévisés. Le journal Le canard enchaîné *et l'émission* Les guignols de l'info *ridiculisent les personnes en vue, plus particulièrement les hommes et les femmes politiques. À droite, on voit un président de la République représenté sous forme de marionnette dans* Les guignols de l'info. *Cette tradition moqueuse est très ancienne et tient une place importante dans la littérature française.* Candide ou l'Optimisme *de Voltaire (1694-1778) est un chef-d'œuvre de littérature satirique qui est lu dans le monde entier.*

L'Académie française

L'Académie française a été fondée en 1635.
Aujourd'hui elle se charge de mettre à jour le
dictionnaire de la langue française. Pour essayer de
limiter le nombre de mots étrangers, surtout anglais,
l'Académie rappelle au grand public les mots français
correspondants qui existent déjà ou crée de nouveaux
mots. Le nombre des académiciens est fixé à 40.
Beaucoup d'entre eux sont des écrivains. Ci-dessus on
voit des académiciens qui montrent leur mot préféré.

L'aide humanitaire

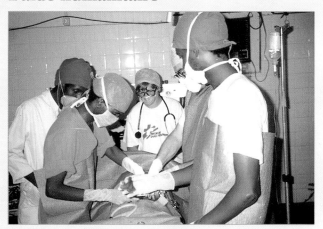

Médecins sans Frontières est une organisation
humanitaire privée. (Les donations du grand public
fournissent deux tiers du budget de Médecins sans
Frontières.) Depuis 1971, plus de 7 000 médecins,
infirmiers et autres professionnels de la santé ont
donné des soins médicaux aux victimes de
catastrophes naturelles, de famines ou de guerres
dans plus de 80 pays du monde. Dans certains pays,
Médecins sans Frontières offre une aide médicale à
long terme : des programmes de vaccinations et
d'hygiène et formation du personnel médical.

❖ Essayez de deviner la signification de quelques
nouveaux mots.

1 À quoi sert un baladeur ?
  A À écouter de la musique en marchant.
  B À promener un petit enfant.
  C À jouer au tennis.

2 Un solo désigne...
  A une personne qui habite seule.
  B une personne qui mange seule dans un
    restaurant.
  C un spectacle présenté par une seule personne.

3 La personne qui donne le signal du départ dans
  une course à pied s'appelle le starter. Quel
  nouveau mot a-t-on proposé ?
  A Le départeur.
  B Le commenceur.
  C Le lanceur.

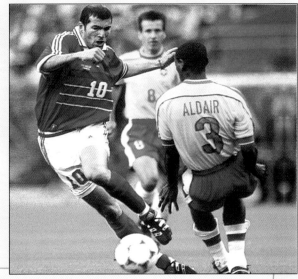

Une bonne idée !

La France a remporté sa première Coupe du
monde de football en 1998. Le numéro 10,
Zinedine Zidane, marque deux buts en finale
et devient un héros pour les Français. En fait,
le monde doit aux Français deux grands
événements sportifs : les Jeux olympiques
modernes et la Coupe du monde de football.
À la fin du XIXᵉ siècle, Pierre Fredy, baron de
Coubertin, a créé les Jeux olympiques
modernes. Jules Rimet et Henri Delaunay sont
les pionniers du championnat mondial de
football – la Coupe du monde – qui a eu lieu
pour la première fois en Uruguay en 1930.

L'Hexagone

La carte de France a la forme d'un hexagone. C'est pourquoi, en parlant de la France, on dit souvent « l'Hexagone ».

Avec ses plaines, ses forêts, ses collines et ses hautes montagnes, la France a l'un des paysages les plus variés d'Europe. C'est aussi le plus grand pays de l'Europe occidentale. Elle s'étend sur presque mille kilomètres du nord au sud, et de l'est à l'ouest.

La majorité de la population est concentrée dans la région parisienne, le long des frontières et des côtes ainsi que le long des fleuves principaux. Il y a relativement peu d'habitants au centre du pays.

L'Hexagone en chiffres

Population : 58,4 millions

Superficie : 550 000 km^2

Populations urbaines les plus importantes :

Agglomération parisienne : 10,9 millions
Lyon (agglomération) : 1,16 million
Marseille (agglomération) : 1,24 millions
Lille (agglomération) : 1,01 millions
Bordeaux (agglomération) : 697 000

Le relief de la France

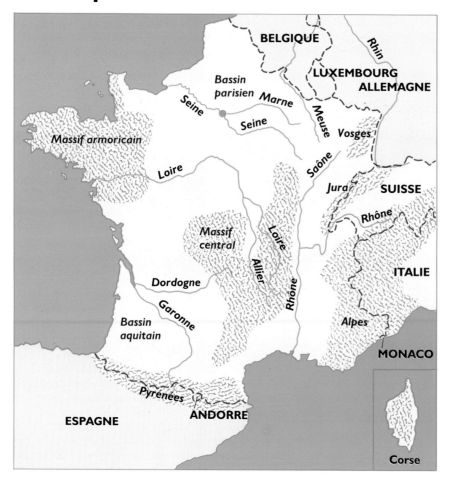

La France possède deux grands bassins (des dépressions naturelles), le Bassin parisien dans le nord et le Bassin aquitain dans le sud-ouest.

Il y a six massifs. Le Massif central, le Massif armoricain et les Vosges sont les plus anciens et leurs sommets sont érodés par le temps. Les montagnes les plus jeunes – les Alpes, les Pyrénées et le Jura – ont des sommets plus hauts et plus pointus.

1 Les montagnes les plus anciennes sont-elles toutes au centre du pays ? Où se trouvent les montagnes les plus jeunes ?

2 Quels sont les huit pays frontaliers de la France ? (Attention : il y en a trois qui sont très petits !)

Les fleuves

Les quatre plus grands fleuves de France sont la Seine, la Loire, la Garonne et le Rhône.

Au nord coule la Seine, une des plus grandes voies navigables. Ce fleuve relie Paris aux ports importants de Rouen (port fluvial) et du Havre (port maritime sur la Manche).

La Loire, le fleuve le plus long de France, traverse le centre du pays. Elle n'est pas très profonde et connaît des crues fréquentes. Au sud-ouest, la Garonne prend sa source dans les Pyrénées et se jette, comme la Loire, dans l'Atlantique.

Par contre, le Rhône prend sa source en Suisse, se dirige d'abord vers l'ouest, puis près de Lyon, vers le sud pour se jeter dans la Méditerranée. La vallée du Rhône est une importante voie de communication entre le nord et le sud.

À l'est, sur une distance de 190 kilomètres, le Rhin forme la frontière franco-allemande.

Cette centrale électrique, sur le Rhône, fonctionne à l'énergie hydroélectrique. La houille blanche fournit 16 pour cent de l'électricité produite en France contre 73 pour cent fournie par l'énergie nucléaire.

Les quatre climats

Les contrastes climatiques de la France favorisent le tourisme. À la plage, on peut profiter du soleil et à la montagne, on peut faire du ski. On va retrouver la nature aussi bien dans les paysages verts du nord que dans les pays fleuris du sud.

L'ouest a un climat océanique. L'hiver est doux, mais en été il ne fait pas très chaud. Ce paysage de Bretagne est vert parce qu'il pleut beaucoup.

Vers l'est, le climat est semi-continental. L'hiver est froid et neigeux et l'été est chaud. Le nord-est connaît des hivers froids mais plutôt humides.

Le Midi et la Corse ont un climat méditerranéen qui est très ensoleillé. Il y a très peu de pluie en été et il fait très chaud. L'hiver est très doux, mais il pleut.

Dans les Alpes, les Pyrénées et le Massif central, l'hiver est long et neigeux et il pleut beaucoup. En été, il fait chaud. Le mont Blanc (ci-dessus), situé dans les Alpes françaises à 4 807 mètres, est le sommet le plus élevé d'Europe.

❧ Si vous aviez la possibilité d'aller habiter en France, quelle région préféreriez-vous ? Faites votre choix selon le climat et expliquez pourquoi vous aimez ce climat.

Les origines du peuple

Grecs, Celtes et Romains

Le peuple français est composé de plusieurs groupes ethniques. Après l'ère préhistorique, les Grecs colonisent le sud et fondent la ville qui devient Marseille aux VIIIe – VIIe siècle av. J.-C.

À la même époque, de nombreuses tribus viennent de l'est; parmi elles les Gaulois, peuple celte bien organisé et actif. Cette société comprend les guerriers, les druides (prêtres) et le peuple. La force militaire des Gaulois leur permet de conquérir des territoires au-delà des Alpes, dans le nord de l'Italie, allant jusqu'à Rome en 385 av. J.-C.

Peu à peu, les Romains reprennent des territoires au nord de Rome. Les tribus gauloises font la guerre entre elles et l'une des tribus appelle les Romains à l'aide. Cet appel fournit au général romain Jules César l'occasion d'envahir la région en 58 av. J.-C. Le conflit dure sept ans et le vainqueur, César, crée la province romaine de *Gallia* ou de la Gaule. C'est le début de la civilisation gallo-romaine qui va durer trois siècles.

Sur les murs de la grotte de Lascaux, dans le sud-ouest de la France, on peut voir de très belles peintures rupestres de la civilisation paléolithique. Datant d'environ 18 000 ans av. J.-C., il y a plus de 600 peintures et 1 500 gravures qui représentent des rennes, des chevaux, des buffles et d'autres animaux.

Cette pièce de monnaie représente Vercingétorix, chef gaulois qui a été vaincu par les Romains en 52 av. J.-C. Originaire de l'Auvergne, l'un des centres de la résistance gauloise contre les Romains, il est considéré comme un des premiers « héros français ».

Les Romains sont des ingénieurs par excellence ! Partout dans leur Empire, ils construisent des villes et d'excellentes routes. L'aqueduc du Pont du Gard, dans le sud de la France, date du 1er siècle apr. J.-C.

Bretons, Francs et Arabes

Aux Ve et VIe siècles, des tribus celtes arrivent des îles Britanniques : ce sont les Bretons. Ils s'installent dans le nord-ouest de la France, qui deviendra plus tard la Bretagne. En même temps, des peuples venant de l'est – les Vandales, les Wisigoths, les Burgondes et les Francs – bouleversent la civilisation gallo-romaine. En 476 apr. J.-C., la province romaine de Gaule est conquise.

Les Francs s'établissent dans la région de Paris et conquièrent les autres tribus. Ils repoussent les Arabes, qui viennent de leurs territoires en Espagne et s'installent en Aquitaine et dans le Languedoc. Les Arabes sont vaincus par Charles Martel à la bataille de Poitiers en 732. Après cette défaite, les Arabes se retirent vers le Languedoc. Entre 778 et 811 des territoires arabes dans le nord de l'Espagne sont occupés par les armées du petit-fils de Charles Martel, Charlemagne, qui est roi des Francs entre 768 et 814.

En rentrant de la guerre contre les Arabes en Espagne en 778, Charlemagne passe par les Pyrénées, à Roncevaux. Là, son neveu Roland, chef de l'arrière-garde de l'armée, est tué dans une embuscade. Cette mort héroïque entre dans la légende grâce à la Chanson de Roland, *une chanson de geste (ou poème épique) du XIIe siècle.*

L'arrivée des Normands

Au IXe siècle les Vikings, venant du nord de l'Europe, envahissent la France. Dans leurs drakkars, des bateaux rapides, ils remontent les fleuves et attaquent les villes, prenant la ville de Nantes sur la Loire en 843. Plus tard, en 885, les Vikings remontent la Seine et assiègent Paris pendant un an. Les Francs sont obligés de payer tribut aux Vikings pour qu'ils lèvent le siège.

En 911, Charles le Simple, roi de France, cède la ville de Rouen aux Vikings et ils s'installent dans cette région. Leur chef devient le duc de Normandie. (Normand veut dire « homme du Nord ».) En 1066, le duc de Normandie, Guillaume, envahit et conquiert l'Angleterre. Les Normands partent aussi à la conquête de la Sicile et y établissent un royaume.

Les drakkars des Vikings, qui avançaient à voile ou à rames, avaient le fond plat, ce qui leur permettait de remonter les fleuves aussi bien que de traverser la haute mer.

❖ Jusqu'au IXe siècle, des peuples divers sont venus s'installer en France. Quelles sont leurs origines ? Faites quatre colonnes « nord », « sud », « est » et « ouest » et classez ces peuples selon leur provenance géographique.

Le développement de l'État-Nation

Les débuts

L'État français d'aujourd'hui trouve ses origines dans la civilisation gallo-romaine. L'influence des Romains est toujours présente dans le système juridique et la langue. Le nom de la France vient d'une tribu qui avait conquis la Gaule en 476 apr. J.-C. Ce sont les Francs. Clovis, premier roi des Francs (481-511), choisit Paris comme capitale. En 496, il se convertit au christianisme.

À partir de 751, les rois francs ne sont plus élus et le principe d'hérédité royale est établi. Pépin le Bref se fait sacrer roi et fonde la dynastie carolingienne. (L'origine du nom de la dynastie vient de *Carolus Magnus*, le nom latin du fils de Pépin, Charlemagne.)

Charlemagne (742-814) crée un grand empire qui s'étend du nord de la France jusqu'en Espagne. À l'est, l'empire englobe l'Allemagne et une partie du nord de l'Italie. Charlemagne se fait sacrer « empereur des Romains » par le pape à Rome, le jour de Noël, en l'an 800.

À la mort de Charlemagne, son empire est partagé entre ses fils. La partie ouest devient ce qui est aujourd'hui la France et la partie est correspond en grande partie à ce qui est l'état moderne d'Allemagne.

Une dynastie ancienne

Les rois capétiens descendent de Hugues Capet qui devient roi des Francs en 987. Il est considéré par beaucoup de gens comme le premier roi de France. Sous les Capétiens (987-1328) la France s'unifie.

Un voisin difficile

Vers la fin de la guerre de Cent Ans, une jeune paysanne, qui ne sait ni lire ni écrire, réveille le sentiment national. Jeanne d'Arc entend des voix célestes qui lui disent de chasser les Anglais. Portant des vêtements d'homme, elle traverse la France pour trouver le roi, Charles VII. Elle assiste à la libération d'Orléans en 1429, mais elle est capturée en 1431. Les Anglais l'accusent d'être une sorcière et la brûlent vive à Rouen.

La rivalité entre les royaumes de France et d'Angleterre trouve ses origines au XIIe siècle quand, en 1152, Henri Plantagenêt, qui devient plus tard Henri Ier d'Angleterre, épouse Aliénor d'Aquitaine et acquiert de vastes territoires en France. Au cours du siècle suivant, les rois de France cherchent à reprendre les territoires tenus par les Anglais.

Cette lutte mène à la guerre de Cent Ans qui éclate en 1337. La première période de la guerre est désastreuse pour la France. Ce n'est qu'en 1453 que les armées françaises sont victorieuses et que les Anglais sont forcés de quitter la France. Cette guerre a pour effet d'unifier davantage les Français.

Une guerre civile

La religion devient une source de conflit quand la Réforme protestante (venant de l'Allemagne) pénètre en France. Les catholiques et les protestants s'opposent. Entre 1562 et 1598 des guerres de religion sanglantes déchirent le pays. L'événement le plus terrible est le massacre de la Saint-Barthélemy, en 1572. À Paris, trois mille protestants sont tués. Les guerres se terminent quand Henri IV, chef des protestants, se convertit au catholicisme. Il établit la paix dans le royaume et la paix religieuse.

Le Roi-Soleil

« L'État, c'est moi » dit Louis XIV qui donne à l'Europe le modèle d'une monarchie absolue et centralisée. Pendant le règne de son père, Louis XIII, une révolte des nobles contre le roi (appelée la Fronde) est écrasée par son ministre, le cardinal de Richelieu. Cette victoire sur les nobles ouvre la voie à la monarchie absolue. En 1661, Louis XIV monte sur le trône et déclare que lui seul gouvernera, sans premier ministre.

Grand travailleur, Louis XIV crée un système d'administration nationale centralisée. Il place ses représentants, les intendants, comme gouverneurs des provinces. Il quitte Paris et fait construire à Versailles le plus grand palais d'Europe.

Louis XIV (1638-1715) choisit le soleil comme emblème et devient le Roi-Soleil.

Un état centralisé

Pendant la Révolution française (1789-1793) la création d'un système de « départements » renforce la centralisation de l'administration sur Paris.

Un système politique centralisé sur la capitale permet l'évolution d'une identité nationale. Une loi de 1794 fait du français la langue nationale.

Au cours du XIXᵉ siècle la France s'unifie de plus en plus. Ceci pour plusieurs raisons :

* l'idée d'être citoyen ou citoyenne d'une nation se développe;
* une armée nationale réunit des hommes de toutes les régions de la République. Les ordres sont donnés en français, même si les soldats parlent provençal, breton ou une autre langue chez eux;
* l'extension du réseau de chemins de fer facilite les déplacements dans tout le pays. En 1828, il y a 28 kilomètres de chemins de fer. Quarante ans plus tard, en 1870, le réseau de chemins de fer s'étend sur 17 340 kilomètres.

Après 1881, sous la loi Jules Ferry, l'enseignement primaire devient obligatoire – et gratuit – pour tous les enfants de sept à treize ans. Les élèves sont obligés de parler en français à l'école. C'est le devoir de l'instituteur d'imposer la langue nationale. Si les élèves parlent leur langue régionale, ils sont punis.

♣ D'après vous, quels sont les concepts qui réunissent les gens autour de l'idée de nation ? Est-ce :
– un roi ou une reine ?
– une langue commune ?
– des symboles, par exemple le drapeau ?

Vous parlez français?

Oïl et oc

La racine de la langue française est le gallo-romain, une variante du latin parlée par le peuple gaulois après la conquête romaine. À partir du Ve siècle, le gallo-romain se divise en deux grands groupes : dans le nord la langue d'oïl, et dans le sud la langue d'oc. Le français moderne a ses origines dans la langue d'oïl.

   Toutes les deux – oïl et oc – sont des langues romanes, c'est-à-dire d'origine latine. Les mots oïl et oc signifient « oui » : oïl du latin *hoc ille* et oc vient de *hoc*. Oïl est devenu plus tard oui.

❖ Est-ce que votre langue maternelle est d'origine latine ? Expliquez pourquoi.

❖ Quelles sont les langues qui sont parlées dans votre pays ? Où est-ce qu'on les parle ?

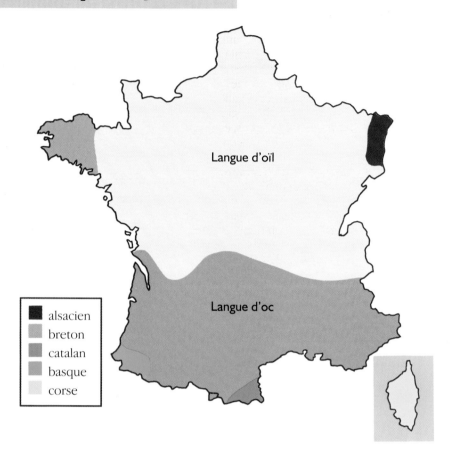

Langue d'oïl

Langue d'oc

- alsacien
- breton
- catalan
- basque
- corse

Les langues romanes en France

Les dialectes de la langue d'oc se regroupent aujourd'hui sous le nom d'occitan. Ils comprennent le provençal, le languedocien, le gascon, l'auvergnat et le limousin. Environ un million de personnes parlent régulièrement l'occitan.

   Entre le XIIe et le XIVe siècle s'épanouit la littérature occitane. La langue d'oc est la langue principale des troubadours, des poètes du Moyen Âge.

   À l'est des Pyrénées, et principalement de l'autre côté de la frontière franco-espagnole, on parle le catalan, également une langue d'origine latine.

   Le corse est aussi une langue latine, très proche de l'italien, et parlée par au moins la moitié de la population de la Corse.

1 Comparez la chanson et sa traduction en français. Quels sont les mots en occitan qui sont les plus proches du français ?

❖ Y a-t-il des mots occitans de la chanson qui ressemblent aux mots de votre langue ?

Une chanson, en dialecte occitan, des Cévennes au sud-est du Massif Central

Marioneta, sias al lièch ?
Dieu ti done bona niech !
Met la testa a la fenestra,
Que fo pa'n poce de vent
N'i ralharem d'amoretas
E piei nos retirarem.

Traduction en français

Petite Marion, es-tu au lit ?
Que Dieu te donne bonne nuit !
Mets la tête à la fenêtre,
Il ne fait pas un pouce de vent,
Nous y parlerons en riant d'amourettes
Et puis nous nous séparerons.

Ni oïl ni oc

Le breton et le basque sont deux autres langues importantes en France qui ne font pas partie de la famille des langues romanes. Le breton est une langue celtique, comme l'irlandais et le gallois. Les Bretons sont originaires de ces régions.

Euskara, la langue des Basques, est un mystère. Personne ne sait d'où elle vient, mais elle est certainement très ancienne. Elle est différente de toutes les autres langues d'Europe occidentale. Il y a pourtant des ressemblances avec une langue ancienne du Caucase. Le basque est parlé par environ un million de personnes dans l'ouest des Pyrénées, en France et en Espagne, dans l'*Euskadi* (le Pays basque).

Aux frontières nord et est de la France, on parle le flamand (langue germanique) et l'alsacien (dialecte germanique).

Une chanson bretonne
Marivonig ha Kaourantinig

Pelec'h z ay da saout warc'hoazh Marivonig ?
Da barzh ar reier glas Kaourantinig.
O ! Kasit anezho ha deuit en-dro
Ha ni a c'hoario Marivonig.

Traduction en français
Marivonig et Kaourantinig

Où seront tes vaches demain, Marivonig ?
Dans le champs où il y a des pierres bleues,
Kaourantinig.
Ô ! Envoie-les et reviens
Et nous jouerons, Marivonig.

Tu t'appelles comment ?

Breton	Français
Alan	Alain
Youen	Yves
Annick	Anne
Gwenaëlle	(aucun équivalent en français, traduction littérale: « ange blanc »)

« Moi, mes parents me parlaient en breton et je répondais en français. Mais avec ma grand-mère je répondais en breton. Elle ne parlait pas français. Le breton est plus expressif que le français, je trouve. Je me sens plus bretonne que française. »

La littérature de ces langues est encore vivante. Les langues sont enseignées dans les écoles et il existe des journaux publiés en basque (à gauche) et en occitan.

Mikel Zubimendi: ·Jarrai gazteen erreferentzia politikoa da· / 8

Arretxek 22-12 irabazi dio Galarzari ligatxoko lehen partidua / 29

Xabier Kintana: «Bizitzaren sentimendu tragikoaz' Unamunoren striptease morala da» / 31

Egunkaria

ARGITALPENAK
Euskal Herria Paristik

Hitzarmena garaian ospa Herri Urrats

■ BAIONA
ATALANTE. **Au nom du père** 18.30
ATALANTE. **Le corsaire rouge** 14.30
VAUBAN. **4 mariages et un enterrement.** 14.00 - 16.30 - 19.45 - 22.15.
VAUBAN. **Le moulin de Daudet.** Zuz: Samy Pavel. Akt: Jean Pierre Lorit, Irene Jacob. 14.00 - 16.30 - 19.45 - 22.15.

■ DONIBANE-LOHIZUNE
PERGOLA. Ez dago emankizunik.

■ HENDAIA
VARIETES. **L'affaire Pelican** 15.00

■ KANBO
AIGLON. Ez dago emankizunik.

■ MIARRITZE
COLISÉE. Ez dago emankuzinik.
ROYAL. **Sans pouvoir le dire.** Zuz: Liliana Cavani. Akt: Chiara Caselli 14.00 - 16.30 - 21.00.
ROYAL. **Intersection.** Zuz: Mark Rydell. Akt: Richard Gere, Sharon Stone 14.00 - 16.30 - 21.00.

2 Regardez l'extrait d'un journal basque. Cherchez les noms basques pour les villes suivantes.
A Hendaye
B Bayonne
C Biarritz
Exemple : En basque, la ville de Cambo s'appelle Kanbo.

3 Quelles langues parlées en France ne sont pas romanes ?

4 Est-ce que ces langues ont des ressemblances avec d'autres langues d'Europe ?

Une France qui change

« La règle du je »

« La règle du je » est un jeu de mots sur l'expression « la règle du jeu ». Pour « la règle du je », ce sont les désirs de l'individu qui comptent. Depuis la Deuxième Guerre mondiale, les Français sont devenus beaucoup plus individualistes. L'influence des institutions comme le mariage, la religion, l'école, le gouvernement et les syndicats a diminué.

L'exode rural pendant lequel des milliers de personnes ont quitté la campagne pour aller travailler dans les villes a également modifié les valeurs. En 1950, 50 pour cent de la population active travaille dans l'agriculture ; en 1990, il n'y en a que 7 pour cent. En même temps, le salaire moyen double. Cette nouvelle prospérité a permis une plus grande liberté individuelle.

Cet individualisme se révèle aussi dans la société. De plus en plus de Français vivent seuls, et on estime qu'en l'an 2000 28 pour cent des ménages se composeront d'une seule personne.

◆ Quelle est l'opinion des Français sur la politique ?

Le Français moyen semble avoir perdu confiance dans les institutions politiques. Au moment des élections, environ 50 pour cent des Français ne votent pas. Selon les sondages, la très grande majorité des Français estime que les politiciens ne disent pas la vérité et 69 pour cent s'intéressent peu ou pas à la politique.

L'individualisme se reflète même dans l'attitude envers les loisirs. On a tendance à se replier sur soi-même.

« Moi, ce que je cherche dans la vie, c'est d'être heureux, d'être en accord avec moi-même. Ici, en France, on dit qu'on se plaint beaucoup ; en fait, il y a des gens qui ne sont jamais contents. Récemment, j'ai vu dans un journal un sondage sur le « bonheur » et nous, les Français, semblons beaucoup moins satisfaits de la vie que les gens dans d'autres pays européens. »

♣ Quelles sont les choses qui rendent les gens heureux ? Êtes-vous d'accord avec les choix ci-dessous ? Expliquez pourquoi.
– Avoir un travail intéressant
– Avoir un logement qu'on aime bien
– Vivre dans le luxe
– Être en bonne santé
– Ne pas manquer d'argent
– Vivre avec des gens qu'on aime bien

Dans la vie de couple le plus grand changement est l'augmentation du nombre de couples qui vivent en union libre. Le nombre de mariages est le plus bas d'Europe. L'union libre est officiellement reconnue et plus de 12 pour cent des couples – 1,7 million de Français – vivent en union libre.

♣ Faites un sondage dans votre classe. Que pensent les étudiants du mariage ? Sont-ils pour ou contre ? Pourquoi ?

L'Église catholique

L'Église catholique est en crise en France, avec seulement 27 000 prêtres pour 37 000 paroisses. La moyenne d'âge des prêtres est très élevée et peu de jeunes deviennent prêtres, peut-être à cause du célibat.

Depuis les années soixante-dix il y a aussi beaucoup moins de pratiquants, et 40 pour cent des bébés ne sont pas baptisés. Seulement 12 pour cent des catholiques vont régulièrement à l'église. Les femmes sont majoritaires dans ce groupe. Ce changement est plus marqué chez les jeunes que chez les personnes plus âgées.

« *L'Église manque de prêtres. Nous avons des prêtres qui s'occupent de plusieurs paroisses. Les laïcs aussi font beaucoup. Ce sont des femmes pour la plupart. Il y a quelques années les femmes n'étaient pas bien représentées. Maintenant nous participons beaucoup.* »

« *J'ai fait ma première communion et ma confirmation. Ma mère va à la messe tous les dimanches, mais je n'y vais pas beaucoup. J'ai beaucoup d'activités extérieures. La religion catholique n'offre pas grand-chose aux jeunes. Il y en a qui sont athées. D'autres croient encore mais ils ne vont plus à la messe.* »

Êtes-vous croyant ?

Selon un recensement récent, les Français se déclarent :
◆ 80 pour cent catholiques (non-pratiquants inclus)
◆ 15 pour cent sans religion
◆ 2,1 pour cent protestants
◆ 1 pour cent musulmans (comprenant seulement la population musulmane de nationalité française. En fait, l'islam est la seconde religion de France.)
◆ 0,6 pour cent juifs (la plus grande communauté d'Europe)

♣ Discutez avec vos camarades de classe de leur rapport avec la religion.

Le patrimoine culturel

Une mission divine

Le rayonnement de la culture française commence avec les rois capétiens. L'idée de la mission divine de la France est née entre le XIe et le XIIIe siècle. Les rois français témoignent de leur foi en partant en croisade pour reprendre la Terre sainte aux musulmans et, en France, en construisant de magnifiques cathédrales.

L'art gothique de l'Île-de-France se répand partout en Europe à partir du XIIe siècle. Des cathédrales d'inspiration française sont construites dans plusieurs pays européens.

❖ Est-ce qu'il y a des exemples d'art gothique dans les bâtiments de votre pays ?

Notre-Dame de Paris, une des premières cathédrales gothiques, est construite entre 1163 et 1245.

L'art de vivre dans toute sa splendeur !

Aux XVe et XVIe siècles, les rois de France, Charles VIII, Louis XII et François Ier, émerveillés par l'art italien de la Renaissance, adoptent un style de vie plus raffiné. Ils construisent des châteaux, d'immenses résidences sur la Loire, et invitent des artistes de grande renommée.

Cet art de vivre atteint son apogée dans la construction du palais de Versailles au XVIIe siècle. En 1682, Louis XIV décide de gouverner la France à partir de ce château près de Paris. La splendeur du décor est imitée par de nombreux rois et princes européens.

❖ Avez-vous vu des châteaux dans votre pays ou ailleurs qui sont du même style que Versailles ?

Le château royal d'Amboise, sur la Loire, accueille le peintre italien Léonard de Vinci en 1516. Invité par le roi François Ier, il habite au château jusqu'à sa mort en 1519.

L'immense palais de Versailles est construit entre 1661 et 1695, d'après les dessins de Louis Le Vau et Jules Hardouin-Mansart. Le jardin du château est un chef-d'œuvre d'André Le Nôtre.

Des idées révolutionnaires

Pendant le siècle des Lumières (XVIIIᵉ) les gens cultivés s'expriment en français, ce qui permet aux idées françaises de se répandre facilement. Les écrivains et philosophes français, comme Montesquieu, Voltaire, Rousseau et Diderot, sont reçus et lus partout en Europe.

C'est dans cette période de richesse intellectuelle que la Révolution française éclate. Cela fait une forte impression sur le reste de l'Europe. La France, le plus grand pays d'Europe, modèle des monarchies absolues, présente maintenant au peuple une idée nouvelle de « liberté, égalité et fraternité ». Le roi Louis XVI est guillotiné.

L'influence des idées révolutionnaires continue. La Déclaration des droits de l'homme et du citoyen et le Code civil ont inspiré et continuent d'inspirer des générations de législateurs et de révolutionnaires dans le monde entier.

En français, s'il vous plaît !

Au cours du XIXᵉ siècle le français devient la langue de la diplomatie internationale. Dans les cours royales d'Europe les nobles ont parlé en français jusqu'au début de ce siècle. Le dernier empereur de Russie, Nicolas II, parlait autant en français qu'en russe.

L'Encyclopédie, *œuvre sur les sciences et les arts, en 28 volumes, est rédigée par Denis Diderot (1713-1784) et Jean d'Alembert (1717-1783). L'idée de réunir toutes les connaissances scientifiques, techniques et philosophiques est révolutionnaire à l'époque. L'Encyclopédie est lue partout en Europe et les idées philosophiques de l'œuvre influencent beaucoup la pensée européenne.*

♣ D'après vous, pourquoi utilise-t-on le terme « siècle des Lumières » ?

Le prestige continue

La France reste attachée à la diffusion de la culture française dans le monde. Dans les instituts français on peut suivre des cours de français, voir des films français et assister aux conférences sur la culture française. Dans 112 pays, 390 lycées français préparent 170 000 élèves au baccalauréat français.

De nos jours, l'art français, dans toutes ses formes (littérature, peinture, cinéma), est représenté partout dans le monde. Le gouvernement français encourage les contacts entre les pays francophones. Ils participent à des « sommets francophones » organisés par le Haut Conseil de la Francophonie, établi par le gouvernement français en 1983. L'objectif est de réunir les pays francophones pour développer des projets culturels et économiques et de créer par là une nouvelle solidarité entre ces pays.

> « *La francophonie n'est pas seulement l'usage d'une langue, c'est une vision du monde, une volonté organisée.* »
> Président Mitterrand, 1993

❖ Notez des exemples de l'influence de la France dans votre pays; par exemple, des mots français, des plats de la cuisine française.

La francophonie

Une langue mondiale

La place privilégiée que la langue française occupe dans le monde provient de deux périodes d'exploration et de colonisation. Le français est parlé sur les cinq continents dans 44 pays. On estime le nombre de personnes qui parlent français à 150 millions.

La langue française peut être :
– une langue maternelle – comme en France et au Québec (Canada)
– une langue officielle – comme au Bénin (Afrique)
– une langue d'enseignement – comme à Madagascar.
En Suisse, le français est la langue maternelle des habitants de la Suisse romande et une des langues officielles du pays, les autres langues officielles de la Suisse étant l'allemand, l'italien et le romanche.

Le français est la langue maternelle de 70 millions d'Européens et compte parmi les langues officielles de Belgique, de Suisse, d'Andorre, du Luxembourg et de Monaco.

En Afrique
Maroc
Algérie
Tunisie
Mauritanie
Mali
Niger
Tchad
Rép. Centrafricaine
Sénégal
Guinée
Burkina Faso
Côte-d'Ivoire
Togo
Bénin
Cameroun
Gabon
Congo
Congo démocratique
Rwanda
Burundi
Djibouti

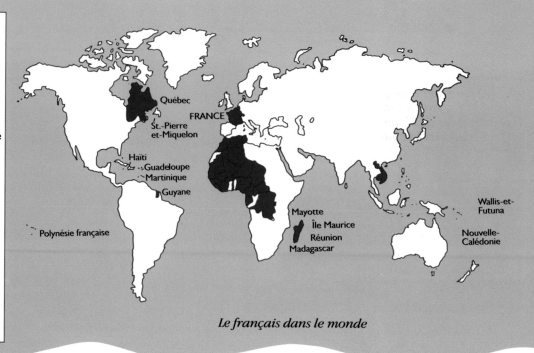

Le français dans le monde

1 Quelles sont les zones francophones dans le monde ?

2 Quelle est la différence entre une langue maternelle, une langue officielle et une langue d'enseignement ?

Les Français en Amérique

En 1535, le navigateur français Jacques Cartier prend possession du golfe du Saint-Laurent au Canada au nom du roi François Ier. Au XVIIe siècle, Samuel de Champlain explore le fleuve Saint-Laurent. Il fonde la ville de Québec en 1608 et, au cours des années, 60 000 Français s'installent dans la région.

D'autres explorateurs s'aventurent vers le sud. En 1682, René de La Salle suit le cours du Mississippi jusqu'à son embouchure dans le golfe du Mexique. Les Français fondent aussi des colonies dans les Antilles : la Martinique et la Guadeloupe en 1635 et Haïti en 1697.

Lors du Traité de Paris de 1763 les Français cèdent leurs colonies en Amérique du Nord à l'Angleterre et à l'Espagne. En 1800, la Louisiane devient de nouveau française, mais trois ans plus tard, Napoléon la vend aux Américains pour 80 millions de francs.

Le Québec, la plus grande province du Canada, est francophone. Presque six millions de Québécois – plus de 80 pour cent de la population – parlent français. (La population du Canada représente plus de 27 millions d'habitants.) Depuis 1969, le français est l'une des deux langues officielles du Canada. Près de la côte de Terre-Neuve, au Canada, se trouve le département d'outre-mer de Saint-Pierre-et-Miquelon. Les 6 400 habitants des îles sont des citoyens français.

3 Regardez le panneau ci-dessus.
A Quel est le nom que de La Salle donne au territoire de la vallée du Mississippi qui s'étend du Canada jusqu'au golfe du Mexique ?
B Pourquoi donne-t-il ce nom au territoire ?

❖ Sur une carte des États-Unis tracez le cours du fleuve Mississippi. Où se trouve la Louisiane par rapport au Québec ?

En Afrique et en Asie

Au cours du XIXe siècle, les Français colonisent de vastes territoires en Afrique et en Asie du Sud-Est.

En 1830, les Français envahissent l'Algérie et vers la fin du siècle la colonisation en Afrique se développe rapidement. La France conquiert d'autres territoires en Afrique occidentale et en Afrique équatoriale. Il s'agit, entre autres, des États actuels du Sénégal, de la Côte-d'Ivoire, du Tchad et du Gabon.

À peu près à la même époque (1853), la France prend possession de la Nouvelle-Calédonie et d'autres îles dans le Pacifique.

En Asie, les Français colonisent, à partir de 1862, la péninsule où se trouvent aujourd'hui le Cambodge, le Laos et le Viêt-nam. Ils appellent ce territoire l'Indochine française.

❖ Avez-vous visité des régions ou des pays francophones en dehors de la France ? Lesquels ?

❖ Si vous aviez la possibilité de visiter d'autres pays francophones, où aimeriez-vous aller ? Donnez les raisons de votre choix.

Comment vivent les Français ?

La famille

Les Français restent attachés à la famille. À 22 ans, 60 pour cent de garçons et 45 pour cent de filles habitent encore chez leurs parents. Même si on habite à l'autre bout de la France, on n'hésite pas à venir pour célébrer un baptême, un anniversaire ou pour fêter Noël.

Les Français font de moins en moins baptiser leurs enfants, mais la cérémonie a gardé son aspect traditionnel. On distribue des dragées roses pour une fille et bleues pour un garçon. L'enfant reçoit un cadeau de son parrain et de sa marraine.

À sept ans, les enfants font leur première communion. À 12 ans, ils font leur communion solennelle dans l'église de leur paroisse. Les enfants, qui portent une aube blanche, font une procession, un cierge à la main.

En France, pour ceux qui veulent se marier, le mariage civil est obligatoire et se fait à la mairie. Cinquante-deux pour cent des couples célèbrent aussi leur mariage à l'église. Le repas qui suit est copieux. On danse, on chante, et plus tard, le jeune couple part en voyage de noces.

Les personnes âgées essaient de garder le plus longtemps possible leur indépendance. Ils voyagent, sont membres d'associations et s'inscrivent à des universités du troisième âge. Beaucoup finissent leurs jours dans une maison de retraite plutôt qu'en famille.

Le baptême d'un enfant à l'église.

À la mairie, Monsieur le maire marie un jeune couple.

Le repas de mariage se termine par une pièce montée qui souvent est une pyramide de choux à la crème.

1 Quelles sont les fêtes familiales en France ? Dans votre pays ?

♣ Fêtez-vous le mariage comme en France ou d'une manière différente ?

Les rythmes de la semaine

En semaine, le travail ou l'école commence à 8 heures. La journée de travail se termine vers 18 heures. Parfois, on retrouve les amis au café avant de rentrer à la maison.

Les Français se mettent à table pour le repas du soir entre 19 et 21 heures. Beaucoup le prennent en regardant le journal télévisé de 20 heures.

Le soir, surtout en été, les Français aiment flâner dans les rues du centre-ville. Ils font du lèche-vitrine ou prennent un verre au café avant d'aller au cinéma.

Le rythme de vie change complètement le week-end. Les élèves ont souvent cours le samedi matin, et il y a aussi les courses ou les tâches ménagères à faire.

Le dimanche, on fait la grasse matinée. Les familles se réunissent pour le repas du dimanche, parfois chez les grands-parents ou au restaurant. L'après-midi, on se promène au parc ou à la campagne.

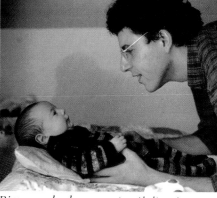

Bien que les hommes participent davantage aux tâches ménagères, ils consacrent moins de temps que les femmes à faire le ménage : 4 heures 38 minutes par jour en moyenne pour les femmes contre 2 heures 41 minutes pour les hommes. En général, les hommes préfèrent faire la vaisselle et s'occuper des enfants, plutôt que de faire la cuisine.

2 Vrai ou faux ? Corrigez les phrases fausses.
   A Le dimanche on se lève pour aller au travail.
   B Le samedi les enfants vont à l'école.
   C En semaine, on mange vers 18 heures.
   D On va au café le soir.

❖ Avec un(e) partenaire, parlez des tâches ménagères que vous aimez bien faire et de celles que vous détestez.

Comment vas-tu ?

La différence entre le tutoiement et le vouvoiement existe toujours. En général, on vouvoie les personnes qu'on ne connaît pas bien ou qui sont plus âgées. On tutoie la famille et les copains. Au travail, on a plus tendance à tutoyer les collègues qu'avant.

Josée, 39 ans, vit en union libre avec Serge depuis 10 ans.

« *Je vouvoie ma « belle-mère ». Je m'entends bien avec elle, mais nous voulons garder une certaine distance.* »

Voilà des gestes bien français ! Les Français ont l'habitude de se serrer la main ou de se faire la bise pour se dire « bonjour » ou « au revoir ».

❖ Est-ce qu'on se serre la main ou on se fait la bise chez vous ? Comparez les usages de la courtoisie de votre pays avec ceux de la France.

Au boulot !

La vie au travail

L'horaire d'une journée de travail varie selon l'activité professionnelle. Dans les bureaux et les magasins, le travail commence entre 8 et 9 heures et finit entre 17 et 19 heures. La journée continue, avec une pause brève à midi pour le déjeuner, est de plus en plus fréquente ainsi que le système à horaires souples.

La durée légale de la semaine de travail est de 39 heures. Les Français ont droit aussi à cinq semaines de congés payés et à onze jours fériés par an. Fréquemment les employés font le pont; par exemple, lorsqu'un jour férié tombe un jeudi ou un mardi, le vendredi ou le lundi est un jour de congé.

Dans les usines on pratique les trois-huit, c'est-à-dire qu'on travaille huit heures en alternance, soit le matin, soit l'après-midi, soit la nuit.

♣ Comparez l'horaire de travail en France avec l'horaire de votre pays. Quelles sont les différences ? Et les ressemblances ?

♣ Préférez-vous faire une longue pause à midi ou terminer le travail plus tôt ?

Pour les gens qui travaillent, il y a un système de garderie pour leurs enfants. Il est mis en place par la sécurité sociale et fonctionne très bien. Le travail à temps partiel (30 heures ou moins par semaine) intéresse surtout les femmes qui ont des enfants en âge scolaire.

Selon la loi française, les entreprises sont obligées d'offrir une formation continue à leurs employés. Elles organisent des cours gratuits où les employés peuvent perfectionner leurs connaissances professionnelles ou apprendre des langues étrangères.

Les tendances actuelles

Les nouvelles technologies changent les conditions de travail dans beaucoup de métiers. Dans les usines, la robotisation a amélioré les conditions de travail, mais elle a aussi réduit le nombre d'emplois. Au bureau, les multiples fonctions des ordinateurs – traitement de texte, banques de données, gestion des dossiers – et des appareils comme le télécopieur permettent aux employés de faire leur travail plus rapidement.

Le Minitel, un ordinateur, le télécopieur, une calculatrice, un dictaphone, le téléphone et du papier ! Voilà ce que vous trouvez sur un bureau en France !

Un jeune menuisier travaille dans un atelier. Beaucoup de jeunes sont attirés par l'artisanat parce qu'ils cherchent un travail plus créatif. Les métiers liés à la protection de l'environnement et à la vie en plein air ainsi que les professions de la santé, comme infirmière et puéricultrice, les intéressent également.

❧ Quel genre d'emploi aimeriez-vous avoir ? Expliquez pourquoi.

Le chômage

Les années quatre-vingt connaissent une dramatique augmentation du chômage. Le nombre de chômeurs est passé de deux millions à plus de trois millions. Les plus touchés sont ceux qui n'ont pas de diplômes, les jeunes et les femmes. Plus de 20 pour cent des jeunes sont au chômage.

La loi sur les 35 heures de travail hebdomadaire est la grande réforme de la gauche, revenue au pouvoir en juin 1997. Votée en juin 1998, la loi fixe un calendrier précis pour lutter contre le chômage: au 1er janvier 2000, les entreprises de plus de 20 salariés devront être passées aux 35 heures; celles de moins de 21 salariés auront jusqu'au 1er janvier 2002 pour se conformer à la loi.

L'ANPE (l'Agence nationale pour l'emploi) aide des personnes à trouver un emploi.

1 Trouvez dans le texte la solution proposée pour réduire le chômage.

« Je suis au chômage depuis cinq mois. J'ai cherché du boulot partout, mais je n'ai rien trouvé. On demande des diplômes partout. Il faut bien faire quelque chose, alors la semaine prochaine je vais m'inscrire à un stage d'hôtellerie. »

« J'ai travaillé pendant dix ans dans cette société, mais j'ai été licenciée l'année dernière. J'ai tout fait pour trouver un autre travail. Je regarde les offres d'emploi dans les journaux et sur le Minitel et je me suis inscrite dans les agences d'intérim. C'est déprimant. »

2 Comment est-ce qu'on cherche un travail en France ? Trouvez trois possibilités dans le texte.

❧ Avez-vous d'autres suggestions à faire ?

Vivre pour manger

Les Français à table

Les Français mangent bien. Pour eux, la qualité de la nourriture compte, mais ils mangent aussi pour le plaisir. Ils aiment parler de cuisine. Les hommes autant que les femmes aiment discuter des plats et des recettes.

Traditionnellement, les Français prenaient deux grands repas par jour, mais cela change, car le rythme de vie ne permet plus de consacrer autant de temps à la préparation des repas. L'achat des produits surgelés et des plats cuisinés tout prêts devient plus courant.

1 Regardez ce petit-déjeuner familial. Identifiez ce qu'il y a sur la table.

Le matin

Le petit-déjeuner est léger. Pour beaucoup, c'est d'abord le rite d'aller chercher la baguette chez le boulanger du coin. Le petit-déjeuner traditionnel se compose d'une tasse de café souvent noir, ou d'un bol de chocolat, avec une tartine beurrée, des biscottes ou un croissant. Beaucoup de gens prennent leur petit-déjeuner au café.

À midi

Soixante-quinze pour cent des Français déjeunent à la maison, surtout en province. À Paris et dans les grandes villes, les gens n'ont pas le temps de rentrer chez eux et prennent moins de temps pour déjeuner. En province et dans le Midi, l'heure du déjeuner est un peu plus longue.

Le soir

Le soir, le repas est souvent copieux, car il est considéré de plus en plus comme le repas principal de la journée. Le dîner comporte généralement trois plats.

Les Français mangent du pain à tous les repas. Ils aiment bien acheter des baguettes qui sortent du four. Le pain tout frais est très bon !

« Aujourd'hui, à midi, nous avons pris des carottes râpées comme entrée, puis une entrecôte grillée avec des haricots verts et une salade verte. Et pour finir, du fromage. Les enfants ont mangé des yaourts.

Le soir, on a mangé un potage de légumes, du poisson pané avec des pommes de terre sautées et comme dessert une crème caramel. Les enfants ont pris leur goûter à cinq heures – c'était une tartine beurrée et un verre de lait. »

2 Regardez ce qu'a mangé cette famille. Écrivez deux petits menus pour le repas du midi et le dîner.

♣ Quel menu préférez-vous ? Expliquez pourquoi.

On va manger quelque part ?

Les Français aiment beaucoup aller au restaurant. Un quart de la population déclare manger au restaurant au moins une fois par mois.

Dans les plus grandes villes, il y a des restaurants chinois, vietnamiens, nord-africains, indiens, et bien sûr beaucoup de restaurants français. La plupart de ces restaurants offre des menus à prix fixe (table d'hôte) ou un choix de plats (menu à la carte).

La restauration rapide (les « fast-foods ») attire les jeunes, les gens pressés et ceux qui vont faire des courses en famille. La plupart de ces établissements se trouvent dans le centre-ville ou en banlieue près des grandes surfaces. On y mange des pizzas, des brochettes, des pâtes, du poulet rôti, des hamburgers et des frites.

Le croque-monsieur est un sandwich chaud qui se compose de deux tranches de pain, avec du jambon et du fromage.

Un menu à prix fixe comporte une entrée, un plat principal avec une salade, un dessert ou du fromage, et parfois un quart de vin ou une autre boisson.

❦ Avec un(e) partenaire, faites un dialogue. Regardez les deux formules proposées dans un restaurant. Vous aimez bien le steak au poivre et votre ami(e) adore les fruits de mer, le fromage et les desserts ! Quel menu prenez-vous ? Et quel menu conseillez-vous à votre ami(e) ?

3 Si vous avez faim et si vous voulez manger quelque chose de chaud, qu'est-ce qu'on vous propose au *Déjeuner rapide* ?

❦ Est-ce que vous mangez dans les « fast-foods » ? Qu'est-ce que vous y mangez ?

❦ Faites la comparaison entre les habitudes des Français en ce qui concerne les repas et les habitudes de chez vous.

La cafétéria, que l'on trouve souvent dans le supermarché ou l'hypermarché, est aussi rapide que les « fast-foods », mais un peu plus chère. Il y a généralement des hors-d'œuvre, un choix de quatre ou cinq plats (avec ou sans salade), des desserts et des boissons.

Le saviez-vous?

◆ Trente-six pour cent des ménages achètent de la viande de cheval de temps en temps.

◆ Des repas de fête peuvent durer des heures. Un repas des anciens au village de Montigny a duré six heures, et on ne l'a pas jugé trop long !

La cuisine française

Bon appétit !

La cuisine française est bien connue pour la variété et la finesse de ses plats et de ses sauces. Elle offre une abondance de fromages, de charcuteries, de pâtisseries et de vins.

Tout un art de la cuisine s'est développé en France à travers les siècles. Il faut noter l'influence de la cuisine italienne. En 1533, Catherine de Médicis, épouse italienne du roi Henri II, a introduit des cuisiniers italiens à la cour de France.

La variété de la cuisine française provient aussi des plats régionaux. Dans le sud de la France, on fait la cuisine avec de l'huile d'olive et de l'ail, tandis que dans le nord, on utilise plutôt le beurre. Les Français savent aussi préparer un bon plat avec des ingrédients simples et peu chers.

La ratatouille est un plat du Midi. Elle se prépare avec des courgettes, des aubergines, des poivrons, des tomates, des oignons, de l'ail et de l'huile d'olive.

La préparation des repas dans la cuisine d'un restaurant.

Un choix de fromages parmi les centaines de fromages produits en France : la tomme au raisin, le saint-paulin, le reblochon et le roquefort. Sur le plateau on voit du brie (le « roi des fromages »), du camembert et du pont-l'évêque.

La pâtisserie française est délicieuse ! Essayez les tartes aux pommes ou les tartes aux fraises. Au milieu de la photo à gauche on voit des religieuses, des choux à la crème et des éclairs au chocolat qui sont faits avec une pâte très légère : la pâte à choux. Les religieuses sont fourrées de crème pâtissière au café ou au chocolat.

❧ Quelles sont les spécialités françaises que vous avez goûtées ? De quelles régions viennent-elles ?

L'art culinaire

La renommée internationale de la cuisine française est due au talent culinaire des chefs cuisiniers comme Marie-Antoine Carême (1784-1833) qui a travaillé au service de rois et de princes européens. Carême a développé une cuisine élaborée, riche en sauces fortes qui masquent les saveurs naturelles des viandes et des poissons.

Au cours des années, les chefs ont cherché à alléger les sauces. Le chef de cuisine Auguste Escoffier (1846-1935) a utilisé les sauces pour mettre en valeur les saveurs et non pas pour les masquer.

Dans les années soixante-dix, une véritable révolution s'est produite dans la gastronomie : celle de la « nouvelle cuisine ». La création de nouveaux plats répond au souci de manger une cuisine plus légère. Les sauces sont moins épaisses (souvent, on ne met plus de farine en les préparant) et les légumes sont plus croquants que dans la cuisine traditionnelle. Il y a beaucoup plus de fantaisie : on met, par exemple, des fruits dans la salade verte.

Paul Bocuse, restaurateur et chef cuisinier, est l'inspirateur de la « nouvelle cuisine ». En France, les grands chefs sont connus et admirés comme les vedettes de cinéma ou les grands couturiers.

Les sauces

Les sauces sont très importantes dans la cuisine française classique.

La béchamel : Une sauce à base de farine, de beurre et de lait (ou parfois de crème).

La mayonnaise : Une sauce à base de jaune d'œufs et d'huile.

La sauce au beurre : À base de beurre, par exemple, la sauce hollandaise faite à base de beurre et de jaune d'œufs.

Le roux blanc : Fait à base de farine et de beurre.

Le roux brun : Fait aussi à base de farine et de beurre, mais de couleur plus foncée que le blanc, parce qu'on le fait cuire plus longtemps.

❧ Quelles sont les principales différences entre votre cuisine nationale et la cuisine française ?

Un régime plus sain

Depuis quelques années les Français ont tendance à manger :

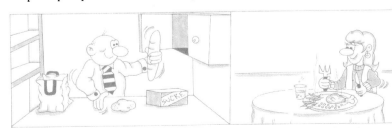

- ◆ moins de pain
- ◆ moins de sucre
- ◆ moins de pommes de terre
- ◆ plus de viande blanche (poulet, porc)
- ◆ plus de yaourts
- ◆ plus de légumes frais

- ◆ Les Français boivent en moyenne 72 litres de vin par personne et par an. Cela représente 20 pour cent de moins qu'en 1970.
- ◆ Ils boivent plus d'eau minérale que n'importe quelle autre nationalité : 85 litres en moyenne par personne et par an.

On va faire les courses ?

Les grandes surfaces

Les grandes surfaces sont apparues dans les années soixante et soixante-dix. Les Français les apprécient beaucoup ; ils ont même inventé le terme « hypermarché » pour les grandes surfaces de plus de 2 500 m². Quelques-uns de ces hypermarchés font partie des plus grands magasins du monde, avec des superficies qui peuvent atteindre 20 000 m².

Dans les hypermarchés le choix des produits est vaste. Ici on voit le rayon charcuterie où on peut acheter du jambon, du saucisson, du pâté et des plats préparés.

Depuis les années soixante, le pourcentage des ménages qui ont une voiture a augmenté de 30 à 75 pour cent. Les Français vont plutôt faire leurs courses en voiture dans les hypermarchés et les centres commerciaux qui se trouvent souvent à la sortie des villes.

❧ Où se trouvent les supermarchés chez vous, au centre-ville ou près des sorties de la ville ? Expliquez pourquoi.

Allons au marché !

Et il y a toujours le marché une ou deux fois par semaine et parfois le dimanche. On y trouve des produits frais. Les agriculteurs viennent vendre leurs produits dans les villes de province.

Au marché on ne trouve pas seulement des produits alimentaires, mais aussi des vêtements, des chaussures, des disques et des outils pour le bricolage. Beaucoup de villes possèdent un marché couvert.

❧ Avec un(e) partenaire faites un dialogue. Vous êtes le client/la cliente et votre partenaire est le vendeur/la vendeuse. Regardez les deux photos. Vous voulez des légumes, des œufs et du fromage.

C'est agréable de faire les courses en plein air.

Le fromage et les œufs se vendent aussi au marché.

Les petits commerces

L'épicerie traditionnelle des banlieues et des villages perd ses clients en faveur des grandes surfaces. Dans les communes, on s'inquiète, et il y a même des cas où la commune achète le magasin du village et y met un employé pour le maintenir ouvert.

« Je suis boucher de campagne. Avant on faisait la boucherie pure – le bœuf, l'agneau, le porc, la volaille. Maintenant on fait la boucherie, la charcuterie et l'épicerie. On reste ouvert toute la journée, et on livre aussi à domicile. À la campagne ce serait impossible si on ne faisait pas la livraison à domicile. Ma femme fait les livraisons. On a aussi un dépôt de pain pour satisfaire nos clients. »

1 Pourquoi est-ce que les clients aiment faire les courses dans les grandes surfaces ?

2 Notez trois exemples de ce que font les petits commerces pour survivre face aux grandes surfaces.

« On vend un peu de tout : de la paire de lacets au jambon ! Et on vend aussi des journaux. Le petit commerce traditionnel qui s'est limité aux fruits et légumes : c'est fini ! Dans les grandes surfaces, le Français a tout sous la main – et vous y mangez aussi à midi. Vous avez des libres-services. Ici, on peut dépanner les gens, mais il faut avoir un peu de tout. »

Toujours ouvert ?

Les heures d'ouverture traditionnelles des magasins sont de 9 heures à midi et de 14 à 19 heures. Les cafés, les maisons de la presse et les grandes surfaces restent ouverts toute la journée. Les heures d'ouverture des banques sont de 9 h 30 à 12h 30 et de 13 h 30 à 16 h 30.

Dans les grandes villes, et surtout à Paris, on trouve des magasins ouverts à toute heure. Les grandes surfaces, par exemple, restent ouvertes jusqu'à 20 heures ou même 22 heures. En province, et plus particulièrement dans le Midi, on ferme entre midi et 14 heures. Souvent le lundi est jour de fermeture.

❧ Est-ce que chez vous les magasins sont ouverts le dimanche ? Lesquels ?

Quelques magasins, comme les boulangeries et les pâtisseries, ouvrent le dimanche matin. C'est une tradition de passer chez le pâtissier pour acheter quelque chose de bon à offrir pour le repas du dimanche.

Où habite-t-on?

Les banlieues

Dans les années cinquante et soixante, le développement industriel a attiré des Français et des immigrés vers les villes et leurs banlieues. On a construit des HLM (Habitations à loyer modéré) pour donner un logement à tout le monde. Ces immeubles étaient souvent bruyants, mal entretenus et sans espaces verts.

Sarcelles en est un exemple frappant : ce grand ensemble, construit en 1956 à 15 kilomètres au nord-est de Paris, ne possédait ni centres commerciaux ni centres culturels ni lycées. Ces oublis ont provoqué de nombreux problèmes sociaux et psychologiques.

Le concept des « villes nouvelles » est né de cette expérience négative. Ces villes sont maintenant plus accueillantes. On prévoit une variété de logements, d'espaces verts, tout ce qu'il faut pour une vie plus agréable.

Cinq villes nouvelles ont été construites dans la région parisienne et quatre autres près de Marseille, Lyon, Lille et Rouen.

Cergy-Pontoise est une ville nouvelle de 170 000 habitants située près de Paris. Dans chaque quartier de la ville, on propose des logements pour toutes les catégories sociales avec toujours à proximité des écoles, des magasins, des centres sportifs et culturels et des espaces verts.

Ces HLM se trouvent dans la ville de Montpellier dans le Midi.

« C'est impeccable ! J'habite à Cergy-Pontoise depuis quinze ans. J'avais l'occasion de partir ailleurs, mais j'ai préféré rester ici. On a tout ce qu'on veut. »

❧ Pourquoi, d'après vous, a-t-on construit cinq villes nouvelles près de Paris ?

❧ Quels sont les avantages des villes nouvelles ? Aimeriez-vous y habiter ?

Un pavillon : la maison individuelle reste encore le rêve de beaucoup de Français.

Ville ou campagne?

Il y a trente ans, les Français préféraient les banlieues à cause des conditions plus calmes qu'elles offraient. Mais petit à petit, ils les ont quittées pour habiter dans les communes rurales près des grandes villes.

La toute dernière tendance est de revenir vivre dans les grandes villes. Les gens recherchent l'animation du centre-ville et viennent s'y installer, mais les prix des logements ne permettent pas à tout le monde de le faire.

En France, on possède plus de résidences secondaires que dans d'autres pays. Onze pour cent des familles françaises possèdent une résidence secondaire à la campagne, en montagne ou au bord de la mer.

♣ Vivre en ville ou à la campagne ? Faites une liste des avantages et des désavantages pour les deux cas.

♣ Avec un(e) partenaire faites un dialogue. Vous aimez vivre à la campagne, mais votre partenaire préfère vivre en ville.

« J'habite à la campagne. Financièrement, ce n'est pas compliqué. À 10 kilomètres de Paris, pour avoir une maison de 100 m², ça coûte un million et demi; à 50 kilomètres, ça tombe à un million trois, et là où j'habite, à 70 kilomètres en pleine campagne, 800 000 francs, toujours pour 100 m². »

« J'ai toujours vécu au centre-ville. J'habite au troisième étage et mon appartement donne sur une rue piétonnière. J'aime descendre le soir au café avec mes amis, ou rester seule, ou avoir des invités. Puis il y a le cinéma, le théâtre à deux pas. Pas besoin de voiture. »

Le plaisir d'être chez soi

Le style des maisons françaises varie selon la région, mais certaines caractéristiques se retrouvent un peu partout. Les maisons individuelles modernes ont souvent un garage ou une cave. La plupart des maisons et des appartements ont des volets, contre la chaleur en été et pour la sécurité. Les balcons sont très fréquents, surtout dans le sud.

Les appartements varient du simple studio à l'appartement de luxe. On décrit les appartements en mètres carrés (m²) et selon le nombre de pièces. Un F2 ou deux-pièces représente un séjour et une chambre à coucher, plus cuisine, salle de bains et WC, un F3 a trois pièces et ainsi de suite.

◆ Regardez le plan. Est-ce que l'appartement est un F2 ou un F3 ? Expliquez pourquoi.

♣ Combien de pièces y a-t-il dans la maison ou l'appartement que vous habitez ?

Beaucoup de Français sont attirés par le style rustique, mais les jeunes préfèrent le moderne.

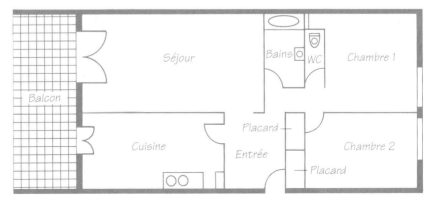

Balcon · Séjour · Bains · WC · Chambre 1 · Cuisine · Placard · Entrée · Chambre 2 · Placard

L'enseignement

Un système centralisé

L'enseignement public est gratuit et, depuis la Révolution, il est neutre en matière de religion et de politique. Plus d'un enfant sur six va dans une école privée ; 93 pour cent des institutions privées sont religieuses.

Les programmes de l'Éducation nationale sont conçus par le ministère de l'Éducation nationale et s'appliquent dans la France entière.

Beaucoup d'enfants commencent l'école maternelle à l'âge de 2 ans, mais la scolarité n'est obligatoire que de 6 à 16 ans. Dans le secondaire, les élèves ont un emploi du temps très chargé : ils commencent les cours à 8 heures du matin et terminent vers 5 heures. À midi, les élèves mangent souvent à la cantine. Dans certaines régions, on a le mercredi après-midi libre, mais on va à l'école le samedi matin. En été, les vacances scolaires durent deux mois.

VIE ACTIVE

VIE ACTIVE

UNIVERSITÉS
ÉCOLES SPÉCIALISÉES
GRANDES ÉCOLES

LYCÉE D'ENSEIGNEMENT PROFESSIONNEL (LEP)

trois ans pour le Certificat d'aptitude professionnelle (CAP)

deux ans pour le Brevet d'études professionnelles (BEP)

LYCÉE

trois ans pour le baccalauréat technique ou général

VIE ACTIVE

COLLÈGE

Brevet des collèges après des épreuves écrites et pratiques

Troisième
Quatrième
Cinquième
Sixième
(de 12 à 16 ans)

ÉCOLE ÉLÉMENTAIRE

Cours moyen
Cours élémentaire
Cours préparatoire
(de 6 à 11 ans)

ÉCOLE MATERNELLE

de 2 à 6 ans

L'enseignement en France est l'objet de débats et de réformes continuels. Les lycéens font souvent des manifestations pour réclamer des changements dans le système éducatif.

L'école maternelle est l'orgueil de l'enseignement français. À trois ans, presque tous les enfants vont à la maternelle. Vers l'âge de cinq ans, la vie devient plus sérieuse : l'enfant commence à apprendre à lire, à écrire et à calculer.

L'enseignement secondaire

À 12 ans, on commence le collège. Les études durent quatre ans, mais un élève qui n'a pas le niveau de sa classe risque de redoubler, c'est-à-dire de refaire l'année. L'élève a un cahier de texte pour y inscrire les devoirs et un carnet de correspondance qui sert de liaison entre l'administration du collège et les parents. Les punitions sont des heures de « colle », c'est-à-dire que l'élève doit rester une ou deux heures supplémentaires.

Le lycée prépare, en trois années, dans les classes de seconde, de première et de terminale, au baccalauréat d'enseignement général ou technique. On choisit le bac selon la carrière que l'on veut faire. Par exemple, si vous voulez être professeur de français, vous choisissez le bac lettres.

Les études au lycée sont rigoureuses; les lycéens peuvent étudier jusqu'à dix matières pour préparer le bac. La philosophie et l'éducation physique font partie des matières obligatoires.

Beaucoup de lycéens vont au lycée en mobylette. On a le droit d'utiliser une mobylette à partir de 14 ans, mais il faut porter le casque.

« *Je suis en seconde et j'ai plus de trente heures de cours par semaine. J'ai opté pour un bac mathématiques et technique parce que j'aime les maths et parce que je voudrais être prof de maths.* »

❧ Faites la comparaison entre le système français et le vôtre.

Fac ou grande école ?

L'enseignement supérieur comprend l'enseignement supérieur court (Institutions universitaires de technologie et écoles spécialisées), les universités et les grandes écoles.

Tous les élèves qui réussissent au bac peuvent aller à l'université, mais environ 40 pour cent des étudiants abandonnent leurs études à la fin de la première année. La majorité des étudiants ne reçoivent pas de bourse et vivent chez leurs parents.

À l'heure actuelle, les universités de France explosent sous la pression des deux millions d'étudiants. Dans certaines universités les étudiants ne peuvent même pas trouver de place dans les amphithéâtres.

❧ D'après vous, quel système est le meilleur ?
  a Tous les étudiants qui ont le bac vont automatiquement à l'université.
  b Les étudiants doivent passer un autre examen après le bac pour entrer en fac.

Le système des grandes écoles n'existe qu'en France. Elles forment l'élite des ingénieurs, des scientifiques, des administrateurs et des cadres. Pour entrer dans les grandes écoles il faut passer un concours et la sélection est sévère. Il y a des classes préparatoires pour les personnes qui veulent se présenter à l'examen.

La France face...

...au vieillissement de la population

Le vieillissement de la population est une des inquiétudes majeures de la société française. Les gens vivent plus longtemps : les hommes en moyenne jusqu'à 72,8 ans et les femmes jusqu'à 80,9 ans. Parallèlement, moins d'enfants naissent. Pour avoir une population stable, c'est-à-dire, pour compenser le nombre de personnes qui meurent, il faut une moyenne de 2,1 enfants par femme, alors que la moyenne actuelle n'est que de 1,7 enfants.

Aujourd'hui, deux personnes travaillent pour un retraité, mais dans quelques années il y aura beaucoup plus de retraités et moins de jeunes pour travailler. Il faut prévoir sa retraite, mais, en l'an 2020, on estime qu'un quart de la population aura plus de 60 ans.

Capital
L'essentiel de l'économie

Votre retraite est menacée !

Dossier spécial

« En ce moment, nous travaillons pour payer les retraites des gens plus âgés, mais quand je serai à la retraite, il y aura plus de personnes du troisième âge que de gens actifs. C'est inquiétant. Quand viendra mon tour, qui payera pour moi ? »

...aux SDF

Les SDF essaient de survivre en vendant des journaux comme *La Rue et* Faim de Siècle. *Ces journaux parlent de la vie des SDF. Le nom du journal* Faim de Siècle *est un jeu de mots sur l'expression « fin de siècle ».*

Avec les problèmes économiques récents, le nombre des sans domicile fixe (SDF) a augmenté. On estime qu'en France il y a au moins 200 000 personnes sans foyer. Ils mènent une existence très dure, couchant dans les bouches de métro ou sur les bancs publics. Des organisations bénévoles, comme les Restos du cœur, donnent gratuitement des millions de repas par an. Il y a aussi des « Camions du cœur » qui distribuent des repas aux SDF dans les rues.

IL Y A DES CHOCS ÉCONOMIQUES QUI SECOUENT AUTANT QU'UN TREMBLEMENT DE TERRE.

AGIR POUR RÉAGIR.

Cette affiche fait partie d'une campagne de presse de l'organisation bénévole du Secours populaire français.

❧ Regardez l'affiche. Que signifient les mots « secouer » et « un tremblement de terre » ? D'après vous, quel est le message que le Secours populaire français cherche à faire passer ?
❧ Créez une affiche pour une campagne de presse qui a pour but de sensibiliser les gens aux problèmes des SDF.

❧ Que pensez-vous des titres des journaux vendus par les SDF ? D'après vous, pourquoi a-t-on choisi ces noms ?
❧ Imaginez que vous êtes un SDF. Quels seraient les problèmes pratiques auxquels vous auriez à faire face tous les jours ?

...aux tensions dans les banlieues

Les banlieues accumulent beaucoup de problèmes sociaux : vandalisme, drogue et crime. Tout le monde en souffre, mais plus particulièrement les jeunes qui sont au chômage et qui n'ont aucun but précis. Beaucoup d'immigrés – Algériens, Marocains, Tunisiens, Portugais – habitent aussi en banlieue. Certains Français reprochent à la population immigrée d'être la cause de l'augmentation du chômage et du climat d'insécurité dans les quartiers. D'autres Français répondent que ces problèmes existeraient même s'il n'y avait pas d'immigrés.

De temps en temps, des affrontements sérieux éclatent, souvent entre la police et les enfants des immigrés. Les enfants de la deuxième génération se sentent rejetés.

Beaucoup de Français ont peur de perdre leur identité dans une société pluriculturelle ; 49 pour cent considèrent que la religion islamique est trop différente de la religion catholique et rend l'intégration des musulmans impossible. Pourtant, la moitié des étrangers vivant en France souhaitent s'intégrer à la société française et 38 pour cent se sentent déjà intégrés.

« *C'est dur parfois de vivre en banlieue. Il n'y a rien à faire ici et on est loin du centre-ville. De toute façon, j'ai pas d'argent, je suis au chômage.* »

♣ Comment les personnes originaires d'autres pays ont-elles contribué à la vie quotidienne de votre pays ? Pensez, par exemple, à la cuisine, à la musique ou au sport.

...au sida

C'est un scientifique français, le professeur Luc Montagnier, qui a isolé le virus du sida à l'Institut Pasteur de Paris en 1983, mais on n'a toujours pas trouvé de vaccin. L'avance de la maladie démoralise les Français. La France détient le plus fort taux de contamination de la Communauté européenne : 35 cas pour 100 000 habitants. Les campagnes d'information sur le sida n'ont eu qu'un impact limité ; ce qui n'est pas le cas du scandale du sang contaminé. Les Français ont été choqués de savoir que plus de mille hémophiles sont devenus séropositifs à cause de transfusions sanguines qui n'avaient pas été contrôlées pour le virus du sida. Jusqu'en 1993, 256 hémophiles en sont morts.

♣ Ces affiches ont été faites pour sensibiliser les gens aux problèmes des séropositifs. D'après vous, quel est le message de ces affiches ?

À la maison

La télévision est le principal loisir des Français : ils passent en moyenne plus de trois heures par jour à regarder la télévision. Les chaînes de télévision principales sont : TF1, France 2, France 3, M6, Arte (une chaîne franco-allemande) et Canal + (prononcer « plus »). La chaîne la plus populaire est TF1 avec une audience de 40 pour cent des téléspectateurs.

Canal + diffuse en grande partie des films. Les abonnés doivent payer pour recevoir les émissions diffusées par satellite ou par câble.

1 Étudiez la répartition des émissions sur TF1. Est-ce qu'on diffuse plus de documentaires que de variétés et de jeux ?

♣ Êtes-vous pour ou contre les feuilletons télévisés ? Expliquez pourquoi.

♣ Que pensez-vous des émissions au profit des grandes causes ?

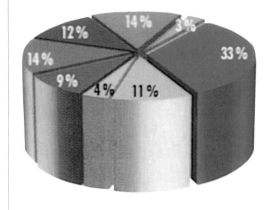

RÉPARTITION DES ÉMISSIONS SUR TF1 PENDANT UNE ANNÉE

Légende
- ■ Informations (12%)
- ■ Variétés et jeux (14%)
- ■ Films (3%)
- ■ Fiction : téléfilms, feuilletons, séries, théâtre (33%)
- ■ Divers : émissions spéciales sur les élections ou pour lancer un appel au profit des grandes causes: les défavorisés, le sida, etc. (11%)
- □ Sports (4%)
- ■ Magazines / Documentaires (9%)
- ■ Émissions pour les jeunes (14%)

Les Français lisent de moins en moins de quotidiens, mais les magazines d'actualité hebdomadaires, comme Paris-Match, L'Express *et* Le Nouvel Observateur *sont beaucoup lus. La presse féminine est très variée :* Elle, Marie-Claire, Avantages...

Les Français sont particulièrement attirés par les variétés et les jeux, comme La Roue de la fortune. *D'autres émissions telles que* Ushuaïa, *une émission sur des voyages extraordinaires, peuvent attirer jusqu'à trois millions de téléspectateurs.*

La bande dessinée est un véritable phénomène. Elle est lue autant par les adultes que par les plus jeunes. Des millions d'albums de bandes dessinées sont vendus chaque année. Inutile de dire que tout le monde connaît les personnages de Tintin et Milou !

Au café ou au club ?

Les Français passent beaucoup de temps au café à discuter ou simplement à regarder les gens qui passent. Les cafés sont un point de rencontre où on se retrouve pour une partie de dominos, de baby-foot ou de flipper. On va aussi chez des amis ou au cinéma. Les Français aiment bien aller au cinéma, surtout les Parisiens.

On s'inscrit à une association sportive ou à un club, où on pratique des activités comme la musique, la danse ou la poterie.

LA RENTRÉE DE LA FOCALE

La rentrée de la Focale, club photo, aura lieu le 3 septembre à 20h 30 à la Maison des jeunes et de la culture. L'activité fonctionne tous les vendredis. La présence à toutes les séances n'est pas obligatoire, le dernier vendredi du mois est réservé aux débutants (comment se servir d'un appareil photo, choix du film, etc.). Le programme des activités est publié dans la presse. Renseignements : Patrick Leblanc : 89.60.71.33.

2 Si vous êtes débutant en photographie, quel jour faut-il aller au club ?

3 Il y a deux façons de se renseigner sur le club photo. Quelles sont-elles ?

Les grandes vacances

Plus de la moitié des Français partent en vacances au moins une fois par an, et plus de 85 pour cent de la population passe les vacances en France. Les mois de juillet et d'août sont les mois les plus populaires pour les départs en vacances, parce que c'est la période des vacances scolaires. Au moment des grands départs d'août et de la rentrée de septembre, les autoroutes et les routes sont bloquées par des milliers de voitures.

Depuis longtemps le gouvernement encourage les Français à étaler leurs vacances pour éviter les bouchons sur les routes. Il y a maintenant davantage de congés plus courts mais étalés sur toute l'année. Les vacances d'hiver d'une dizaine de jours et les week-ends où on fait le pont sont à la mode.

RUE DE PARIS :

POUR TRAVERSER DES SIÈCLES D'HISTOIRE

Découvrez Paris au temps de la construction de Notre-Dame... Regagnez le XVIIᵉ siècle et laissez-vous emporter par le rythme des combats de d'Artagnan. Parcourez les ruelles du vieux Paris, puis prenez la RN7 au volant de vieilles voitures qui vous rappellent les débuts de l'automobile... et assistez enfin à une séance de cinéma en 3 dimensions...

Pour leurs vacances d'été, 46 pour cent des Français préfèrent la mer et les plages, 22 pour cent vont à la campagne et 13 pour cent vont à la montagne.

BIENVENUE AU PARC ASTERIX

Les parcs à thèmes offrent de nouvelles attractions. Le Parc Astérix, près de Paris, est basé sur la bande dessinée d'Astérix le Gaulois. Dans le parc, on fait revivre le monde des Gaulois et d'autres époques de l'histoire française.

4 Dans le texte du dépliant trouvez un mot qui signifie :
A retourner (à)
B visiter, traverser
C une petite rue étroite

✿ Imaginez un nouveau parc à thèmes en France. Quel thème choisiriez-vous ? Expliquez pourquoi.

✿ Écrivez un petit texte pour un dépliant sur votre parc à thèmes.

· **Le sport**

À toute vitesse !

En France on aime les courses à deux roues et à quatre roues. Le cyclisme est une véritable passion pour ceux qui le pratiquent et pour ceux qui aiment le regarder à la télévision. Le Tour de France est un événement de renommée internationale. Il a lieu au mois de juillet en une vingtaine d'étapes dans la France entière. Le parcours est d'environ 3 000 kilomètres. La dernière étape a lieu sur les Champs-Élysées, à Paris.

On s'intéresse aussi aux courses automobiles. Les grandes compétitions françaises sont les 24 Heures du Mans, les Grands Prix de Pau et de Monaco en Formule 1 et le Rallye de Monte-Carlo. Le Paris-Dakar est un raid qui traverse la France, la Tunisie, le Maroc, l'Algérie, la Mauritanie et le Sénégal.

Le départ du Tour de France dans chaque ville-étape attire beaucoup de spectateurs. Le public attend des heures au bord d'une route pour voir passer le peloton. Le meilleur cycliste de la course contre la montre de chaque étape est repérable car il porte un maillot jaune.

Les sports d'équipe

Le football vient en premier. Presque deux millions de footballeurs, soit amateurs, soit professionnels, sont licenciés à la Fédération française de football. Parmi les meilleures équipes professionnelles se trouvent Paris-St-Germain, l'Olympique de Marseille, St-Étienne, Bordeaux et Monaco.

Le rugby à quinze et à treize est surtout populaire dans le sud et le sud-ouest de la France. Les finales des championnats de football et de rugby sont jouées au Parc des Princes à Paris.

Le basket-ball est très populaire chez les jeunes gens avec environ 346 000 adeptes.

Dans le Sud-Ouest, on joue à la pelote basque. À l'aide d'une chistera (une espèce de panier allongé) attachée à un gant en cuir, le joueur renvoie une « pelote » ou petite balle contre le mur du fronton.

La pétanque est très populaire dans le sud de la France. Chaque joueur essaie de placer sa boule le plus près possible du cochonnet.

Le Français se fait sportif !

On estime qu'un Français sur cinq pratique un sport et qu'environ 13 millions de personnes sont membres d'une fédération sportive.

Même dans le sport, les Français font preuve d'individualisme. Un Français sur trois pratique un sport individuel : le jogging, l'aérobic, le tennis, la natation, le ski, l'équitation et le judo.

De plus en plus de gens sont attirés par le risque. Les sports comme le deltaplane, l'ULM (ultra-léger motorisé), le surf, le ski acrobatique et les sports nautiques motorisés sont très pratiqués.

Les Français sont toujours parmi les premiers dans les courses de voile comme la Route du Rhum entre Saint-Malo en Bretagne et Pointe-à-Pitre en Guadeloupe et les tours du monde en solitaire .

VILLE D'ANNECY
Base Nautique des Marquisats
VOILE - AVIRON
CANOÉ-KAYAK-PLONGÉE

◆ Lequel des sports sur la photo :
   A se pratique sous l'eau ?
   B consiste à déplacer un petit bateau à rames ?
   C se pratique avec un bateau à voiles ?

♣ Est-ce que vous pratiquez un sport ? Comment se pratique-t-il ?

Plus d'un million de personnes pratiquent l'escalade. La « femme araignée », Catherine Destivelle, a escaladé les plus hauts sommets des Alpes.

♣ Cherchez les noms des champions français dans les sports suivants?
   A La course automobile
   B Le tennis
   C La voile

♣ Faites un sondage sur le sport dans votre classe. Posez les questions suivantes :
   A Pratiquez-vous un sport ? Lequel ?
   B Pourquoi faites-vous du sport ?
      – Pour vous détendre ?
      – Pour vous mettre en forme ?
      – Pour vous amuser ?
      – Pour retrouver des amis ?
      – Pour d'autres raisons ? Lesquelles ?

♣ Quel est le sport le plus pratiqué dans votre classe ?

La France en fête

Les fêtes populaires

Les Français aiment faire la fête.
Il y a des fêtes civiles, religieuses et familiales.

Le Premier Mai

Le 1ᵉʳ Mai en France est la fête du Travail. Les syndicats et autres mouvements ouvriers organisent des défilés et parfois des foires.

La fête nationale

La fête du 14 Juillet est une grande fête populaire. Elle commémore la prise de la Bastille, le 14 juillet 1789, l'événement qui marque le début de la Révolution.

La fête nationale est célébrée dans toutes les villes et tous les villages de France. Le drapeau tricolore flotte partout. Il y a des défilés militaires et, à midi, le président de la République prononce un discours. Le soir, on tire des feux d'artifice, et des petits bals populaires sont organisés sur les places en plein air.

Le 14 Juillet, un grand défilé militaire a lieu sur les Champs-Élysées à Paris en présence du président de la République.

♣ Quelle est la fête nationale de votre pays ? Comment la fêtez-vous ?

Les fêtes de fin d'année

Noël

Noël est la grande fête familiale. Les familles se réunissent et les maisons sont décorées avec du houx, du gui et des guirlandes multicolores.

Le réveillon se passe en famille, le soir du 24 décembre. Le père Noël remplit les souliers qui sont déposés au pied du sapin de Noël. Les grands réveillonnent, après la messe de minuit, en faisant un grand repas. Le plat traditionnel est la dinde ou l'oie.

Le jour de Noël on reçoit ses cadeaux, et on fait de nouveau un grand repas. Tard dans l'après-midi les familles sortent faire une balade dans le centre-ville ou dans le quartier. On essaie de digérer tout ce qu'on a mangé !

La bûche de Noël est une pâtisserie en forme de bûche.

La Saint-Sylvestre

Le 31 décembre, c'est la Saint-Sylvestre. Au dîner, on mange généralement des fruits de mer et du saumon fumé. À minuit, les gens sortent dans les rues, et les automobilistes klaxonnent pour fêter la nouvelle année !

Le 1ᵉʳ janvier

Pour le Nouvel An, on envoie des cartes de vœux pour souhaiter une bonne année à ses amis. Les amis se rendent visite pour se dire « Bonne année ! ». C'est le jour des étrennes, et on offre une petite somme d'argent au facteur et au concierge.

Bonne Année

Une carte de vœux pour le Nouvel An.

Les fêtes religieuses

Il y a plusieurs fêtes religieuses au cours de l'année. Ces fêtes deviennent souvent des jours fériés.

Le 6 janvier
L'Épiphanie est la fête des Rois mages. On mange une galette à la frangipane dans laquelle est cachée une fève. La personne qui trouve la fève porte sur la tête une couronne en carton : c'est le roi ou la reine.

Pâques
Cette fête a lieu au mois de mars ou au mois d'avril. Elle suit le carême qui commence après le Mardi gras. Le jour de Pâques les enfants reçoivent des œufs et des poules en chocolat. Ils s'amusent aussi à chercher des œufs cachés dans le jardin.

Ascension et Pentecôte
La fête de l'Ascension a lieu en mai et la Pentecôte, en mai ou en juin.

Assomption
Le 15 août, on célèbre la fête de la Vierge. Il y a des défilés religieux dans les rues et le soir, des bals et des feux d'artifice.

Toussaint
Le 1er novembre, c'est le jour de la Toussaint. Les familles vont au cimetière mettre des chrysanthèmes sur les tombes familiales.

Le Ramadan
Pendant le mois du Ramadan, le neuvième mois de l'année lunaire arabe, les Français musulmans ne mangent pas et ne boivent pas entre le lever et le coucher du soleil. Le jeûne du Ramadan prend fin avec la fête de l'*Aïd el-Fitr*.

On fête le Mardi gras avec des défilés de chars décorés, accompagnés de fanfares, et on danse et on s'amuse dans les rues. Le défilé le plus célèbre en France a lieu à Nice.

Chaque village a sa fête qui a lieu le jour de son saint patron. Il y a des concours de pétanque, des courses en sac et des manèges. La journée s'achève avec le traditionnel bal.

Arcis-sur-Aube

28 - 29 août

Comme tous les ans, le dernier week-end du mois d'août sera trois jours de fête à l'occasion de la fête patronale.

Programme

Samedi 28 août :
21 h : bal public gratuit animé par Maurice, place des Héros.

Dimanche 29 août :
20 h – 21 h : Musique, chants et danses du Pacifique avec le groupe folklorique de danses polynésiennes Fétia Tahiti, à la salle des fêtes.
22 h : feux d'artifice à la plage de Cherlieu.
23 h : bal gratuit à la salle des fêtes.

Lundi 30 août :
8 h : concours de pêche à la Ballastière.
13 h 30 : concours de boules dans le parc du château, pour adultes et enfants.
18 h 30 : remise des prix.

1 Voilà le programme pour la fête patronale d'Arcis-sur-Aube. Choisissez les activités du programme qui conviendraient à une famille avec des enfants de 8, 9 et 12 ans.

♣ Si vous étiez à Arcis-sur-Aube le week-end du 28 et du 29 août, quelles activités du programme choisiriez-vous ?

2 Demandez à un(e) partenaire, quand les Français :
  A réveillonnent.
  B peuvent assister à un défilé militaire.
  C achètent des œufs et des poules en chocolate.
  D dansent en plein air.

♣ Est-ce que vous faites la même chose chez vous ?

Reconstruire la France

« Les Trente glorieuses »

L'économie de la France sort très affaiblie de la Deuxième Guerre mondiale. Les premiers gouvernements d'après-guerre doivent entreprendre de grands efforts économiques et sociaux pour reconstruire le pays.

La nationalisation des grandes entreprises continue. Avant la guerre, le gouvernement avait nationalisé les chemins de fer. Après la guerre, ce sont les mines de charbon, des banques, les transports aériens, la production d'électricité et de gaz et les usines automobiles Renault qui sont nationalisés. L'une des premières réformes sociales d'après-guerre est d'accorder le droit de vote aux femmes. (Les hommes l'ont depuis 1848.) Un système de sécurité sociale moderne est aussi mis en place à partir de 1946.

Les résultats de ces mesures sont impressionnants. Entre 1950 et 1973, date de la première crise pétrolière, le taux de croissance de l'économie française est de 5 pour cent par an, le plus rapide d'Europe. La France devient la quatrième puissance industrielle du monde. Les trente années de croissance économique entre 1945 et 1975 sont appelées les « Trente glorieuses ».

Le général de Gaulle devient chef du premier gouvernement provisoire d'après-guerre. Des communistes, qui faisaient partie de la Résistance comme lui, participent aussi à ce gouvernement. Entre 1946 et 1958, 21 gouvernements se succèdent, mais une période de stabilité politique commence en 1958 avec un référendum qui approuve la nouvelle Constitution de la Vᵉ République.

Pendant la Deuxième Guerre mondiale la France perd 2 000 000 de logements, 60 000 entreprises, 4 000 kilomètres de chemin de fer et 7 500 ponts ; ce qui représente 80 pour cent de l'infrastructure du pays. Après la guerre, il faut un effort énorme pour reconstruire les industries et créer des emplois.

Des administrateurs

Gérer la reconstruction du pays demande des administrateurs de haute qualité. Fondée sous la Révolution, l'École polytechnique assure depuis 200 ans la formation d'administrateurs et d'ingénieurs au service de l'État.

En 1946, le gouvernement fonde l'École nationale d'administration (ENA) pour former des cadres pour les ministères de l'État. Cette élite se trouve maintenant à la tête des grandes entreprises, des banques, des services gouvernementaux, et dans la politique nationale. C'est un phénomène tout à fait français.

Les polytechniciens portent l'uniforme lors de certaines cérémonies. Les anciens polytechniciens sont appelés les « X », et les diplômés de l'École nationale d'administration, les « énarques ».

La planification

Après la Deuxième Guerre mondiale, la France crée un système de plans dans le domaine de l'économie : la planification. Elle est le seul pays d'Europe occidentale à le faire.

Chaque plan, qui dure de deux à cinq ans, a des objectifs précis : par exemple, moderniser l'industrie et l'agriculture, créer davantage d'emplois, mieux répartir la richesse du pays, améliorer le réseau de communication. La nationalisation de certaines industries fait partie de la planification. Depuis 1945, il y a eu dix plans.

Le cas de la Société Générale est un exemple des changements de politique depuis 1945. Nationalisée en 1946, cette banque est l'une des premières banques à être privatisée en 1986.

Réussites de la planification

◆ La mise en place de systèmes de communication modernisés :
 – réseau routier
 – chemins de fer
 – aéroports
 – ports
 – canaux
 – pipelines pour le gaz et le pétrole
 – téléphones

◆ des industries modernisées :
 – aérospatiale
 – aéronautique
 – automobile

◆ la transformation de l'agriculture

Une politique européenne

La France favorise la coopération européenne. Sous l'influence du Français Robert Schuman, la Communauté européenne du charbon et de l'acier est fondée en 1951. Elle réunit la France, l'Italie, la Belgique, les Pays-Bas, le Luxembourg et la République fédérale d'Allemagne (RFA).

En 1957, la France signe le Traité de Rome et devient l'un des fondateurs de la Communauté économique européenne, qui est devenue depuis l'Union européenne. Le général de Gaulle poursuit la réconciliation avec l'Allemagne et signe un accord de coopération en 1963 avec le chancelier de la RFA, Konrad Adenauer. Cet accord est très important, formant l'une des bases de la coopération européenne actuelle. Dans la France de fin de siècle François Mitterrand, premier président socialiste en 1981 et réélu en 1988, a suivi la voie de l'Europe.

Comme l'a dit le président Mitterrand en 1989, « La France est notre patrie et l'Europe notre avenir. Ne manquons pas ce rendez-vous. »

Metz - Bostalsee

1ère grande fête du jumelage Moselle-Saar Le Landkreistag Saarland et le Département de la Moselle sont jumelés depuis 1990. Dans le cadre de ce jumelage, les deux partenaires ont décidé d'organiser une grande fête sportive. Course pédestre, course cycliste et randonnée cyclotouristique sont au programme de cette grande manifestation transfrontalière à laquelle sont conviés tous les sportifs amateurs.

Le jumelage des villes de pays différents favorise les contacts aussi bien personnels et culturels, qu'économiques et touristiques.

1 Quel jumelage fête-t-on ?

2 Comment ce jumelage est-il fêté ?

3 Qui peut assister à la fête ?

❖ Quels sont les échanges ou les contacts qui ont lieu entre les villes jumelées ?

❖ Est-ce que la ville où vous habitez est jumelée avec une autre ville ? Laquelle ? Dans quel pays ?

L'aménagement du territoire

L'exode rural

Le 12 juillet 1993 le Premier ministre, Édouard Balladur, convoque une réunion ministérielle à Mende, le chef-lieu du département de la Lozère au sud-ouest de la France. La Lozère est devenue le département le moins peuplé de France, parce que peu à peu les habitants ont quitté la campagne pour vivre dans les grandes villes. À Paris, il y a une moyenne de 20 420 habitants au km², mais, en Lozère, il n'y a que 14 habitants par km². Le problème de l'exode rural devient préoccupant dans certaines régions de France qui ont maintenant très peu d'habitants.

A Paris se trouvent :
* 78 pour cent des sièges sociaux des 200 plus grandes entreprises.
* 60 pour cent des chercheurs.
* 42 pour cent des bureaux.
* 40 pour cent des cadres.
* 30 pour cent des effectifs universitaires.
* 18 pour cent de la population.

Ce panneau fait partie d'une campagne lancée pour attirer l'attention des Français sur le problème de l'exode rural.

Vers la décentralisation

Depuis les années soixante le gouvernement tente d'équilibrer la croissance économique du pays. Il établit un plan d'aménagement du territoire qui cherche à décentraliser l'industrie en l'encourageant à s'installer en province. Huit « petites capitales » – Lille, Nancy, Strasbourg, Lyon, Marseille, Toulouse, Bordeaux et Nantes – ont été développées, chacune offrant les services essentiels à leur région. Neuf villes nouvelles ont été construites (voir page 30).

Le plan cherche à soutenir l'artisanat rural, c'est-à-dire les très petites entreprises, et à créer de nouvelles industries. Des ports – Fos et Dunkerque – et des autoroutes et des chemins de fer ont été améliorés et des industries de pointe ont été implantées dans les régions.

Le tourisme a été développé sur les côtes du Languedoc-Roussillon, de l'Aquitaine et en Corse. La Grande-Motte (ci-dessus) est un des plus grands aménagements touristiques d'Europe.

La création de parcs nationaux et régionaux encourage le « tourisme vert ». Les 27 parcs naturels régionaux protègent et mettent en valeur de grands espaces ruraux habités. Ils représentent 8 pour cent du territoire national.

Les technopoles

Les technopoles sont des centres technologiques et scientifiques où se regroupent des activités de recherche et des industries de pointe. Il y a au moins 40 technopoles.

Le succès de la première technopole, Sophia-Antipolis, fondée en 1969 près de Grasse, en encourage d'autres. La technopole de Brest, par exemple, se consacre à la mer et réunit plus de 500 chercheurs qui font des recherches dans des domaines associés à la mer : l'acoustique, la chimie, la mécanique, le droit maritime et une grande école de sub-télécommunication (la communication sous-marine).

Le laboratoire d'une entreprise de Sophia-Antipolis, technopole de la Région Provence-Alpes-Côte d'Azur.

1 Regardez ce panneau. Près de quelle grande ville de Bretagne se trouvent les technopoles ?

2 Est-ce que les technopoles sont à l'intérieur du pays ou près de la mer ?

La France des Régions

En 1982, pour renforcer les efforts de décentralisation, le gouvernement crée 22 Régions ayant la possibilité de prendre certaines décisions au niveau local (voir pages 72-73). Les Régions ressemblent approximativement aux anciennes provinces de France.

L'ensemble des mesures prises a réussi dans quelques Régions, en Bretagne par exemple, et de nouvelles tendances se sont affirmées. La population du Nord et du Nord-Est se déplace vers le Sud et le Sud-Ouest. Il existe aussi une migration de Paris vers le Midi. Le centre du pays reste toujours sous-peuplé.

Le nombre de personnes travaillant dans l'industrie en région parisienne diminue. En même temps, l'importance internationale de la capitale attire un million d'employés entre 1962 et 1982.

L'Est de la France, proche du centre de l'Europe, se développe économiquement plus vite que les régions du Sud-Ouest.

L'une des métropoles les plus dynamiques du Midi de la France est Montpellier, la capitale de la région Languedoc-Roussillon. Depuis vingt ans sa population connaît une augmentation de plus de 8 pour cent.

❖ Regardez cette liste des aspects que l'on prend en considération lorsqu'on veut aller vivre dans une autre ville. Choisissez, dans l'ordre d'importance, les cinq aspects qui, d'après vous, pourraient correspondre aux personnes à droite. Expliquez pourquoi.

– climat (soleil, température)
– écoles et universités
– emplois
– logements (choix de maisons et d'appartements)
– loisirs (culture, distractions et sports)
– sécurité (nombre de cambriolages)
– transports en commun (bus, métro, tramway)

A un couple à la retraite
B une famille avec deux enfants âgés de 12 et 16 ans
C une personne de 22 ans qui cherche son premier emploi après l'université

À la campagne

Une révolution agricole

La France est le premier producteur agricole de l'Union européenne. La croissance de la production a été remarquable : on produit aujourd'hui cinq fois plus de blé qu'il y a trente ans. Cette augmentation a été accompagnée d'une diminution considérable du nombre de fermes et de personnes travaillant dans l'agriculture. Entre 1955 et 1990 le nombre d'agriculteurs est passé de 4 millions à 1,7 million, et le nombre d'exploitations de 2,3 millions à un million. Ce n'est pas toujours facile de s'adapter à la PAC (politique agricole commune) de l'Union européenne : elle limite la production, surtout de vin, de lait et de viande.

Les vins ordinaires représentent plus de 50 pour cent de la production des vins français, mais on en produit trop et il est difficile de les vendre. Les vins de qualité se vendent facilement sur le marché international.

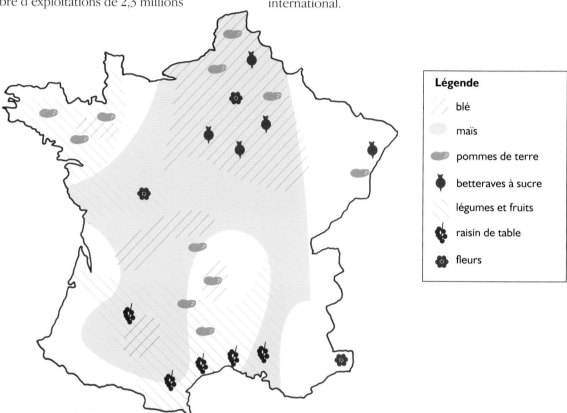

Légende

- blé
- maïs
- pommes de terre
- betteraves à sucre
- légumes et fruits
- raisin de table
- fleurs

1 Regardez la carte et complétez le texte.

La culture des ... est concentrée dans le nord du pays. La plus grande partie de la production du ... se trouve aussi dans le ... Le maïs est cultivé dans le ... et dans le centre. Les ... sont cultivées dans le Val de Loire et dans le ... du pays.

Les succès de l'industrie agroalimentaire

La France est le quatrième producteur agricole du monde et le deuxième pays exportateur de produits agricoles. Elle se place au premier rang mondial pour l'eau minérale.
- ◆ au 2e pour le vin
- ◆ au 2e pour les fromages
- ◆ au 4e pour la viande
- ◆ au 5e pour le blé
- ◆ au 7e pour le sucre
- ◆ au 8e pour le maïs
- ◆ au 11e pour les pommes de terre

De paysan en agriculteur

Gérard et Marcelle Dugravot ont une ferme près d'Épinal dans les Vosges, dans l'est de la France.

« J'ai 55 ans et ma femme a 50 ans. J'ai commencé comme petit paysan avec une vingtaine d'hectares. Nous en avons maintenant 90, divisés en 22 parcelles. Les gens comme moi ont évolué avec les nouvelles techniques. L'approche est plus scientifique. Depuis 25 ans on a tout automatisé, mais ça coûte cher. On n'est plus paysans mais agriculteurs.

Il y a d'autres changements. Prenez ce village. Il y a dix ans on était neuf agriculteurs. Deux ont modernisé, cinq ne l'ont pas fait et ont maintenant de gros problèmes. Deux jeunes sont partis, parce qu'ils voulaient se marier et ne trouvaient pas de femme ! L'année dernière, on a fermé l'école. Les magasins ferment. Il y a six ans, il y avait un café où on allait faire une partie de cartes après la messe. C'est fermé maintenant. »

2 Trouvez deux changements que les Dugravot ont effectués dans leur ferme.

3 Qu'est-ce que les autres agriculteurs ont fait ?

4 Qu'est-ce qui s'est passé dans le village ?

Des fermes plus grandes

Les grandes exploitations comme celles du centre (de la Picardie au Berry) où on produit du blé n'ont pas les mêmes difficultés que les plus petites exploitations familiales. En effet, dans le nord du pays surtout, les petites fermes ont été regroupées, parce que c'est seulement en s'agrandissant que les fermes deviennent rentables. On crée aussi des coopératives d'achat, de vente et de services pour s'entraider.

La production se diversifie. En Bretagne, les exploitants cultivent davantage de primeurs (légumes prêts avant la saison normale). Dans le Val de Loire, ils cultivent des légumes et des fleurs, et dans le Midi des primeurs, des fruits et des fleurs. Les cultures spécialisées se font souvent à l'aide d'un système d'irrigation et dans les serres.

Le « tourisme vert », c'est-à-dire les vacances passées à la campagne, est devenu populaire. Beaucoup d'agriculteurs ont aménagé de vieilles maisons en gîtes qu'ils louent aux touristes.

À la ferme, on offre aussi des chambres d'hôte. Les visiteurs logent chez le fermier.

5 Regardez la photo. Vous voyagez en voiture et vous avez réservé une chambre d'hôte à la ferme. Êtes-vous loin de la ferme ?

6 Il est possible de prendre un repas à la ferme, même si vous n'y logez pas. Qu'est-ce que c'est ?

La mer

Les grands ports

Au nord de la France, la Manche et la mer du Nord sont d'importantes voies commerciales, la Manche étant la voie maritime la plus fréquentée du monde. Les principaux ports français sur la Manche sont Dunkerque, Le Havre, Rouen et Calais.

Sur l'océan Atlantique, les ports sont plus petits. Les ports de Bretagne sont principalement des ports de pêche pour la sardine et le thon. Les prises de ces ports représentent 50 pour cent du tonnage français. Au sud se trouve Bordeaux, septième port de France, qui est plutôt un port régional que national.

La mer Méditerranée souffre de la pollution à cause des eaux domestiques usées et des décharges industrielles et elle est moins riche en poissons que l'océan Atlantique et la mer du Nord. Le plus grand port de la Méditerranée est Marseille, qui est le troisième port industriel de l'Union européenne. La plupart du trafic marseillais passe par Fos à l'ouest de Marseille.

S.O.S. Grand Bleu est née en 1989 du désir de protéger les dauphins. Les dauphins étaient pris dans les grands filets dérivants utilisés pour la pêche à l'espadon en Méditerranée. L'organisation se consacre aussi à la défense du milieu marin en Méditerranée, en cherchant à réduire la pollution et à créer un parc maritime.

Boulogne-sur-Mer, sur la Manche, est le premier port français de pêche. Des usines près de la ville traitent le poisson.

✤ Est-ce que les côtes de votre pays s'ouvrent sur les mêmes mers ou océans que celles de la France ? Lesquels ? (Voir page 6.)

Le bateau des sapeurs-pompiers

Les profondeurs de la mer

La mer était la grande passion de Jacques-Yves Cousteau (1910-1997). Officier de marine, Cousteau était connu dans le monde entier pour ses explorations sous-marines. En 1943, il était un des inventeurs du scaphandre autonome, essentiel pour la plongée sous-marine. Plus tard, Cousteau a été un des pionniers de la recherche océanographique, faisant de longs voyages à bord de son navire la *Calypso*. Cousteau s'intéressait autant à la protection du monde sous-marin qu'à son exploration.

Partir à la pêche

La flotte française de pêche comprend 13 000 bateaux. La plupart sont de petits bateaux ; les pêcheurs partent pendant la durée de la marée, ou pendant 72 heures. Les chalutiers ont des cales réfrigérées qui permettent des voyages plus longs, souvent jusqu'à 15 jours.

L'industrie de la pêche française est réglementée par l'Union européenne. Chaque pays membre a droit à une zone de pêche exclusive qui s'étend à 11 kilomètres de ses côtes. Au-delà de cette limite, la pêche est communautaire. L'Union européenne impose aussi des quotas ajustés chaque année sur 35 espèces de poissons, afin de préserver les stocks.

« Je suis patron de chalutier, le Dieppe Saint-Jacques. On pêche le poisson de fond – le cabillaud ou la roussette, par exemple. Nous sommes six à bord et on pêche sur les côtes anglaises. Les choses ne vont pas très bien en ce moment. Il n'y a pas de grands poissons. Même si on en trouve, les prix sont très bas. »

◆ Quels sont les problèmes des pêcheurs français ?

Les fruits de mer

Les Français aiment tant les moules que la production française, bien que grande, ne satisfait pas la demande. Des moules sont importées des Pays-Bas.

On pratique la pêche aux huîtres et aux moules, mais la plupart de ces fruits de mer sont des produits d'élevage. L'ostréiculture, l'élevage des huîtres, se pratique surtout sur la côte atlantique. La mytiliculture, l'élevage des moules, est pratiquée en Méditerranée, sur des cordes suspendues dans l'eau.

La France fournit 90 pour cent de la production d'huîtres de l'Union européenne. La mytiliculture française est la cinquième du monde. Ces industries sont saisonnières – on mange beaucoup d'huîtres à Noël et au réveillon du 31 décembre – et emploient 50 000 personnes dans des PME (petites et moyennes entreprises).

L'énergie marémotrice

La force de la mer peut être exploitée pour générer de l'électricité. Dans l'estuaire de la Rance, en Bretagne, la montée et la descente de la marée font tourner les turbines d'une usine marémotrice. Elle est la première de ce type dans le monde.

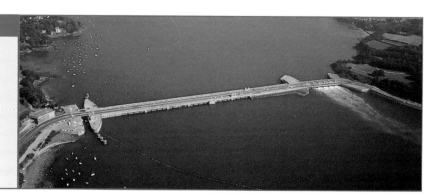

L'industrie française

Une puissance mondiale

La France est la quatrième puissance industrielle du monde et le quatrième exportateur de produits industriels. Les industries de pointe – l'aérospatiale, les télécommunications, l'industrie nucléaire, les industries de matériel ferroviaire et militaire – ont une réputation mondiale. Les grandes marques françaises de produits aussi divers que le parfum et les pneus se vendent dans le monde entier.

L'industrie agroalimentaire, qui comprend la culture et la transformation des produits agricoles, est la deuxième activité industrielle française.

Quant au tourisme, la France est parmi les pays qui reçoivent le plus grand nombre de visiteurs. Jusqu'à 58,5 millions de touristes étrangers par an passent leurs vacances en France.

♣ Quels sont les produits français vendus dans votre pays ? Est-ce que ce sont des produits de luxe ou des articles de tous les jours ?

Classement mondial

1er
- pneus
- produits de luxe (parfums, vêtements, champagne, etc.)

2e
- tourisme
- matériel ferroviaire et militaire
- production du verre
- exportation de produits agricoles

3e
- investissements à l'étranger
- industries nucléaire, agroalimentaire et aérospatiale

4e
- industries électronique et pharmaceutique
- industrie automobile (voitures)

Pour fabriquer un produit de luxe comme le champagne, on associe souvent des méthodes modernes aux méthodes traditionnelles. Pendant la deuxième période de fermentation en bouteille – qui dure plusieurs mois – le remueur (ci-dessus) tourne chaque bouteille à la main plusieurs fois, mais très peu à chaque fois.

Des industries traditionnelles – le charbon (dans le secteur primaire) et la sidérurgie et l'industrie textile (dans le secteur secondaire) – sont en déclin. Toutefois, les Français restent compétitifs dans le domaine de l'innovation technologique. Le secteur des services, ou le secteur tertiaire, qui comprend la distribution et le tourisme, englobe maintenant 60 pour cent de la population active et fournit 60 pour cent du PIB (produit intérieur brut).

1 Dans quel secteur sont employées les personnes qui travaillent :
- **A** dans une mine de charbon ?
- **B** dans une compagnie d'assurances ?
- **C** dans un lycée ?
- **D** dans une fabrique de conserves de légumes ?
- **E** sur un bateau de pêche ?
- **F** dans une usine de chaussures ?

♣ Choisissez cinq personnes que vous connaissez. Quel est leur emploi ? Dans quel secteur travaillent-elles ?

Des zones industrielles

La majeure partie de l'industrie française se situe à l'est d'une ligne qui va du Havre, dans le nord, à Marseille, dans le sud. Certaines industries en déclin – les mines de charbon, la sidérurgie et le textile – ont dû diminuer de beaucoup le nombre de leurs effectifs.

Les industries de transformation se trouvent près des plus grandes villes, des chemins de fer ou des autoroutes. La région parisienne est le premier foyer de production et la région Rhône-Alpes, le second. Dans l'ouest, les foyers de production se regroupent autour des estuaires des fleuves principaux – Nantes sur la Loire et Bordeaux sur la Garonne – et autour de certaines villes en expansion comme Toulouse ou Rennes.

« Ici, dans les villages le long de la Moselle, ça tournait, ça tournait. Il y avait partout des usines textiles. Maintenant, c'est tout à fait autre chose. Il n'y en a plus. Moi, je suis à la retraite, mais c'est triste pour les jeunes. »

Légende

- industrie automobile (y compris fabricant de pneus)
- industrie électroménagère et électronique
- construction et réparation navale
- sidérurgie
- industrie pétrochimique
- industrie textile
- industrie chimique (y compris pharmaceutique)
- industrie d'armement
- industrie informatique
- industrie aéronautique

2 Quelles industries se trouvent :
A autour de Marseille ?
B dans le nord-est de la France ?

3 Quelle est la partie du pays qui a le moins d'implantations industrielles?

En voiture

L'industrie automobile a été restructurée pour faire face à la compétition internationale et 50 pour cent de la production est exportée. Il n'y a que deux constructeurs majeurs d'automobiles : Renault et le groupe PSA Peugeot Citroën, qui se sont décentralisés et modernisés. Il y a quinze ans, la plupart des employés de l'industrie automobile travaillaient dans des usines situées près de Paris. Maintenant, près de 80 pour cent de la production automobile a lieu dans d'autres régions de France.

Une usine automobile robotisée à Rennes.

Les industries de pointe

Le TGV

Détenteur du record mondial de vitesse, le TGV (train à grande vitesse) est un exemple frappant de l'excellence de la technologie française. Ce train est si rapide que pour les déplacements de trois heures ou moins, comme le trajet Paris-Lyon, il fait concurrence à l'avion. Il faut rappeler que pour la durée d'un voyage en avion on compte non seulement le vol, mais le temps d'aller à l'aéroport et, à l'arrivée, d'aller en ville.

Le TGV s'exporte aussi. Il entrera en service en Corée du Sud en 2001 ; un contrat a été signé au Texas, et il suscite un grand intérêt en Australie, au Canada et à Taiwan.

De plus en plus rapide....
1981 380,0 km/h
1989 482,4 km/h
1990 515,3 km/h

Pour acheter un billet de train, consultez Socrate ! C'est le nom du nouveau système de réservation par ordinateur de la SNCF, la Société nationale des chemins de fer français.

❧ Pour aller de Paris à Lyon, aimeriez-vous mieux voyager en TGV ou en avion ?

Un « super » avion

La France, un des pays pionniers de l'aviation, travaille avec d'autres pays européens pour concurrencer l'industrie aéronautique américaine. Elle collabore à la plus grande entreprise d'aviation civile d'Europe : l'Airbus A320. L'A320 est assemblé à Toulouse. Le prochain modèle, l'A321, sera assemblé à Hambourg, en Allemagne.

Les pays participant aux projets Airbus A320 et A321 sont l'Allemagne (37,9 pour cent du budget), la France (37,9 pour cent), le Royaume-Uni (20 pour cent) et l'Espagne (4,2 pour cent).

En orbite

L'Agence spatiale européenne a été fondée par 13 pays européens en 1980. Son siège est à Paris. Le Centre national d'études spatiales (CNES) coordonne en France les programmes de recherches spatiales et développe la fusée Ariane.

Le programme Arianespace de l'Agence spatiale européenne a plus de la moitié du marché mondial de lancement des satellites. Le lanceur Ariane a effectué 62 lancements réussis.

Ariane 3 sur la plate-forme de lancement en Guyane, l'un des départements français d'outre-mer. Le lancement de deux modules habitables sera effectué entre les années 2000 et 2003.

Le Minitel

Le réseau télématique de France est parmi les plus modernes du monde. En 1983, la Poste et Télécommunications (appelé France Télécom aujourd'hui) a lancé le Minitel, un service de renseignements par ordinateur, branché sur le téléphone, que les abonnés au téléphone peuvent consulter chez eux.

Pour encourager l'utilisation du service, le terminal a été fourni gratuitement. Il y a maintenant six millions de minitélistes qui ont plus de 17 000 services à leur disposition. Les étudiants, par exemple, ont la possibilité de faire des tests de révision scolaire ou de s'inscrire en faculté.

Pour interroger votre compte en banque ? Composez le numéro, ajoutez votre mot de passe secret et les renseignements apparaissent sur l'écran. Trouver un numéro de téléphone ? Consultez l'annuaire par Minitel.

❦ Est-ce qu'il y a des services comme le Minitel chez vous ? Est-ce que vous les utilisez ? Pour faire quoi ?

Le nucléaire

Les ressources du sous-sol français en gaz, pétrole et charbon sont très insuffisantes. Après la crise pétrolière de 1973, le gouvernement a décidé que l'énergie nucléaire serait la principale source d'électricité. L'énergie nucléaire fournit plus de 70 pour cent de l'électricité en France, alors que l'hydroélectricité en fournit 16 pour cent et que le charbon et le pétrole en fournissent 11 pour cent.

Les inquiétudes du public envers le nucléaire ne sont pas aussi marquées en France qu'ailleurs, bien qu'elles aient encouragé la création des partis écologiques, comme les Verts. Soixante-quatre pour cent des Français n'acceptent pas d'habiter près d'une centrale nucléaire

◆ Vrai ou faux ? Corrigez les phrases fausses.
  A Le Minitel est un petit satellite.
  B Pour aller du centre-ville de Paris au centre-ville de Lyon le TGV est aussi rapide que l'avion.
  C La SNCF est chargée de coordonner le programme nucléaire.
  D La plate-forme de lancement d'Ariane se trouve en Amérique du Sud.
  E Socrate est un nouvel avion français.

La France politique

Le système politique

Depuis la Révolution, les Français ont eu 16 constitutions, dont cinq républicaines.

Ire République   1792 – 1799
IIe République   1848 – 1851
IIIe République 1875 – 1940
IVe République 1946 – 1958

La Constitution actuelle est celle de la Ve République, approuvée par un référendum en 1958.

Le peuple

Pour voter en France il faut avoir 18 ans et être de nationalité française. Le vote n'est pas obligatoire. Le président et les députés sont élus au suffrage direct.

◆ Complétez ces informations.

A En rentrant à l'hôtel Matignon hier, le ▇ a été victime d'un léger accident de voiture.

B Le ▇ se rendra en visite en Guadeloupe au mois de mars. Un porte-parole de l'Élysée a annoncé la visite du ▇ de l'▇ aujourd'hui.

C Les ▇ de l'Assemblée nationale ont voté une nouvelle loi.

Le président de la République

Le chef de l'État habite au palais de l'Élysée. Il a un mandat de sept ans et parmi ses fonctions il nomme le Premier ministre, signe les décrets et ordonnances et peut dissoudre l'Assemblée nationale. Il peut consulter le peuple par référendum. Il est chef des armées.

Le Premier ministre

Le Premier ministre siège à l'hôtel Matignon. Il dirige le gouvernement et appartient, généralement, au parti majoritaire. Il choisit les ministres d'État.

Le Sénat

Le Sénat siège au palais du Luxembourg. Le mandat de chaque sénateur est de neuf ans. Les 321 sénateurs, élus au suffrage indirect, ont un rôle législatif, mais en cas de conflit d'opinion l'Assemblée nationale a le dernier mot.

L'Assemblée nationale

L'Assemblée nationale (ou la Chambre des députés) siège au palais Bourbon. Les 577 députés sont élus pour une période de cinq ans. Ils votent les lois et ils peuvent renverser le gouvernement par une motion de censure.

Les communes

Une commune est la plus petite division administrative. C'est aussi l'unité administrative la plus proche du peuple. Parmi les 36 443 communes il y a des villes importantes, mais les deux tiers des communes ont moins de 500 habitants. Chaque commune a un conseil municipal qui élit le maire. Le maire a plusieurs fonctions. Président du conseil municipal, il représente les électeurs, mais aussi l'autorité de l'État. Il célèbre les mariages, dirige la police administrative et exécute certaines lois.

« Je suis élu comme conseiller municipal pour une période de six ans. Le conseil municipal m'a élu maire. Si les gens du village ont un problème, ils viennent m'en parler. »

De la gauche à la droite

Les termes politiques « gauche » et « droite » sont d'origine française. Pendant la Révolution française, les Girondins, un groupe s'identifiant aux intérêts bourgeois, siégeaient à droite du président de l'Assemblée ; les Montagnards, plus radicaux, siégeaient à sa gauche.

Les Verts et Génération Écologie datent des années quatre-vingt. Ils ont obtenu un grand nombre de voix aux élections européennes de 1989 et aux élections régionales de 1993 (14,4 pour cent). Ils ont eu très peu de voix aux élections législatives de 1993.

Les communistes ont joué un grand rôle dans la Résistance pendant la guerre de 1939-1945, et le Parti communiste français (PCF) a fait partie du gouvernement d'après-guerre. Il a beaucoup perdu de son influence, n'ayant plus que 23 députés à l'Assemblée nationale et sept au Parlement européen.

Le Parti socialiste (PS), majoritaire en 1982, perd pied. Depuis 1971, le parti glisse vers le centre.

Le Front national se situe à l'extrême droite. Le slogan de Jean-Marie Le Pen, « Les Français d'abord » attire les Français très conservateurs, chauvins, opposés à l'immigration.

Une alliance de deux partis de droite, l'UDF et le RPR, gagne les élections législatives de 1993. L'UDF (Union pour la démocratie française, créée en 1978, appartient au centre droite. Le RPR (Rassemblement pour la République) reprend la politique du parti fondé par le général de Gaulle (voir pages 42-43).

La cohabitation

Jusqu'en 1986 le Président et le Premier ministre étaient toujours du même parti politique. La « cohabitation » a commencé en 1986, avec un président socialiste et un Premier ministre de droite. Depuis 1997 le président est de droite et le Premier ministre est socialiste.

❧ Quels sont les partis politiques dans votre pays ? Est-ce qu'ils correspondent aux partis français ?

L'ordre public et la sécurité

La police et la gendarmerie

L'ordre public est assuré par la police nationale, la gendarmerie et la police municipale. Elles ont toutes des fonctions différentes.

Les policiers municipaux contrôlent la circulation, vérifient les identités et remplissent d'autres fonctions administratives. Généralement, il y a un commissariat de police municipale dans les communes les plus importantes. La plupart de ces forces municipales se composent de petites unités comptant un à trois agents. Le nombre de policiers municipaux a doublé depuis 1984.

Le rôle de la police nationale et de la gendarmerie est de s'occuper :
- de la criminalité (police judiciaire),
- de la circulation sur les grandes routes et de la sécurité dans les villes (police urbaine),
- de l'entrée en France (la police de l'air et des frontières).

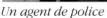

Un agent de police

Les gendarmes, qui font partie de l'armée, luttent contre le crime. Ils surveillent aussi les grandes routes dans les zones de leur compétence.
À gauche : Deux gendarmes rendent visite aux victimes d'un vol .

Trente-six pour cent des policiers municipaux portent une arme à feu, mais, comme la plupart d'entre eux, cette femme policier n'a jamais eu l'occasion de l'utiliser. Le maire prend la décision d'armer sa police. L'uniforme est également choisi par la municipalité.

Les Compagnies républicaines de sécurité (CRS) sont chargées de la sécurité de l'État et de l'ordre public. Ils sont souvent présents lors de manifestations.

❖ Êtes-vous d'accord que les policiers portent des armes ? Expliquez pourquoi.

❖ Est-ce que les policiers sont armés chez vous ?

Appelez les pompiers!

Des sapeurs-pompiers

Les sapeurs-pompiers sont chargés d'éteindre les incendies et de porter secours aux victimes des accidents de la route. Jusqu'à 85 pour cent des pompiers sont des volontaires. Ils participent aussi à la lutte contre les incendies de forêts qui éclatent souvent en été dans le Sud et en Corse. Contre les incendies les plus graves, ils utilisent des avions et des hélicoptères bombardiers d'eau.

1 Un représentant de quel(s) service(s) de l'ordre a-t-on des chances de rencontrer dans les situations suivantes ?

A Un contrôle de personnes qui arrivent sur un vol international dans un aéroport français.

B Un accident de voiture sur une autoroute.

C Un contrôle des cartes d'identité dans une commune ?

Les forces armées

Les forces armées se composent de l'armée de terre, l'armée de l'air, la marine et la gendarmerie. La France tient à son indépendance dans le domaine de la défense. Les forces françaises se sont retirées de l'OTAN (Organisation du traité de l'Atlantique nord) en 1966, parce que le général de Gaulle considérait que cette organisation était trop sous l'influence des États-Unis. La politique actuelle est de se concentrer sur la défense européenne. Par exemple, l'Eurocorps est un corps européen formé de troupes françaises, allemandes et belges.

La France possède une force de frappe indépendante. Elle a fait exploser sa première bombe atomique dans le Sahara, en 1960. Les essais nucléaires français ont repris à Mururoa, dans l'océan Pacifique, en 1995, ce qui a provoqué une réaction internationale.

Les forces armées se composent à 65 pour cent de professionnels et à 35 pour cent d'appelés. Les officiers de l'armée française sont formés à Saint-Cyr, l'école militaire fondée par Napoléon en 1803.

Les appelés sont tous des hommes et font un service militaire qui dure 10 mois. Moins de 1 pour cent des appelés deviennent objecteurs de conscience. Ils passent 24 mois dans les services civils à vocation sociale ou humanitaire. Une nouvelle loi prévoit l'abolition du service militaire obligatoire à partir de l'an 2000.

❧ Qu'est-ce que vous pensez du service militaire ? Est-il utile pour les jeunes ? Est-ce que tous les jeunes devraient le faire ?

« Au lieu de faire le service national à l'armée il est parfois possible de le faire dans la police ou dans un service de coopération technique à l'étranger. Moi, je suis allé en Afrique pendant 16 mois. »

Un corps spécial

En 1831, des centaines de soldats mercenaires étrangers, qui ont été licenciés, perturbent l'ordre public à Paris. Pour régler le problème, le roi Louis-Philippe crée la Légion étrangère, composée de soldats étrangers qui vont servir en dehors de la France. Ils n'ont pas besoin de pièce d'identité pour s'engager. Environ 3 000 « soldats » débarquent à Alger, sans uniforme et sans équipement. Aujourd'hui, les hommes peuvent toujours devenir légionnaires tout en restant anonymes. La Légion compte environ 15 000 soldats et garde sa réputation de discipline dure.

De la Renaissance au romantisme

La Renaissance

La Renaissance débute en Italie à la fin du XIVᵉ siècle et se répand dans toute l'Europe occidentale. Il s'agit d'une période de grand changement social et culturel. On redécouvre l'art et la philosophie de la Grèce antique et de Rome. Une vision humaniste se développe.

Sous l'influence de la Renaissance italienne, les arts en France s'épanouissent au XVIᵉ siècle. Le roi de France François Iᵉʳ et sa sœur, Marguerite de Navarre, encouragent les poètes, les peintres et les philosophes.

Les poèmes de Pierre de Ronsard (1524-1585), chef d'un groupe de sept poètes surnommé la « Pléiade », sont caractéristiques de cette nouvelle littérature. Ils s'inspirent de la nature et expriment des sentiments pittoresques et tendres.

> *Quand ce beau Printemps je vois,*
> *J'aperçois*
> *Rajeunir la terre et l'onde,*
> *Et me semble que le jour,*
> *Et l'amour,*
> *Comme enfants naissent au monde.*
> *Chanson de Pierre de Ronsard*

François Rabelais (1494-1553) est moine, mais devient professeur de médecine à Montpellier. Son œuvre, La Vie inestimable du grand Gargantua, *est une longue satire optimiste et extravagante de la société française de son époque. Gargantua est un géant né miraculeusement de l'oreille gauche de sa mère.*

Le classicisme

En regardant L'Embarcation de la reine de Saba *de Claude le Lorrain (1600-1682), on voit des bâtiments de style classique avec des colonnes et des lignes symétriques. Le Lorrain s'intéresse aux effets de lumière à différents moments de la journée.*

L'art de la tragédie du XVIIᵉ siècle obéit aux règles littéraires de la Grèce antique. Dans une pièce de théâtre, par exemple, l'action se déroule sur une période de 24 heures et dans un seul endroit. Le style des pièces de théâtre du XVIIᵉ siècle devient aussi plus restreint et ordonné que pendant la Renaissance. Les plus connus des poètes dramatiques sont Pierre Corneille (1606-1684) et Jean Racine (1639-1699).

Phèdre, une pièce de théâtre de Racine, illustre les caractéristiques du style classique de la littérature française. Elle est écrite en alexandrins (vers de douze syllabes) et se divise en cinq actes. Dans cet extrait, Phèdre admet son amour coupable pour Hippolyte, son beau-fils.

> *Je le vis, je rougis, je pâlis à sa vue ;*
> *Un trouble s'éleva dans mon âme éperdue ;*
> *Mes yeux ne voyaient plus, je ne pouvais parler ;*
> *Je sentis tout mon corps et transir et brûler.*

Vers le romantisme

Au XVIIIᵉ siècle, après une période dominée par le classicisme, le monde littéraire et philosophique veut penser plus librement et exprimer ses sentiments. Jean-Philippe Rameau (1683-1764) compose des opéras pleins d'émotion dramatique.

Vers la fin du siècle paraissent *Les Confessions* de Jean-Jacques Rousseau (1712-1778). Dans ce livre autobiographique l'auteur exprime ses pensées intimes et devient ainsi un précurseur du romantisme.

◆ Comparez *L'Embarcation de la reine de Saba* et *La Leçon de musique*, en regardant bien les deux tableaux.

  A Est-ce que les tableaux représentent des scènes d'intérieur ou des scènes en plein air ?

  B Est-ce qu'on voit les personnages de près ou de loin ?

  C Est-ce qu'un tableau a des couleurs plus sombres que l'autre ? Est-ce qu'on voit à la fois des couleurs sombres et vives dans un même tableau ?

  D Quand vous regardez chaque tableau où est-ce que votre regard se pose ?

♣ Trouvez des mots qui correspondent aux sentiments exprimés dans les deux tableaux.

♣ Quel tableau préférez-vous ? Expliquez pourquoi.

La Leçon de musique est l'œuvre de Jean Honoré Fragonard (1732-1806), qui peint des thèmes galants et parfois érotiques.

Le romantisme

Le romantisme date de la fin du XVIIIᵉ siècle et du commencement du XIXᵉ. En 1820, Alphonse de Lamartine (1790-1869), poète et homme politique, publie *Les Méditations*. C'est un moment clé du romantisme. Lamartine s'identifie avec la nature à laquelle il attribue des émotions humaines.

Victor Hugo (1802-1885), poète lyrique et romancier, est considéré comme le chef du mouvement romantique. Il écrit *Notre-Dame de Paris* en 1831. Un autre roman écrit en 1862, *Les Misérables*, a été transformé au XXᵉ siècle en comédie musicale.

La musique d'Hector Berlioz (1803-1869) est pleine de couleur, de passion et de tendresse. *La Symphonie fantastique* ouvre une voie plus personnelle dans la musique.

♣ Quelles sont les émotions que vous ressentez en regardant *Le Radeau de la Méduse* ?

L'expression d'émotions telles que l'espoir, la terreur et le désespoir a beaucoup d'attrait pour les romantiques. Le Radeau de la Méduse *de Théodore Géricault (1791-1824) illustre un moment dramatique dans l'histoire du naufrage de la* Méduse *en 1816. Après 12 jours en haute mer, il ne reste que 15 survivants sur les 150 personnes réfugiées sur le radeau. À l'horizon, les naufragés voient un bateau (en haut à droite), mais le vent emporte leur radeau dans une autre direction.*

Du réalisme au surréalisme

Le réalisme

L'industrialisation et le développement du journalisme influencent la littérature du XIXe siècle. Les écrivains s'inspirent de ces thèmes de la vie quotidienne. Dans son roman *Madame Bovary*, Gustave Flaubert (1821-1880) fait le portrait d'une femme qui s'ennuie en province et qui, à la recherche d'une vie plus mouvementée, connaît une fin tragique. L'histoire est fondée sur un événement rapporté dans un journal de l'époque.

Émile Zola (1840-1902) dépeint dans *Les Rougon-Macquart*, une série de vingt romans, les rapports entre les classes sociales et les événements de la période du Second Empire. (Voir page 68.)

Le peintre Gustave Courbet (1819-1877) est le champion du réalisme et réagit contre l'excès d'émotion du romantisme. Dans ce tableau, La Rencontre *ou* Bonjour, monsieur Courbet !, *l'artiste (au centre du tableau) rencontre un ami au cours d'une promenade.*

Au seuil du XXe siècle

Édouard Manet (1832-1883) rompt avec la tradition académique et peint les choses comme on les voit à l'œil nu et en plein air. Il inspire les peintres du mouvement impressionniste, comme Camille Pissarro (1830-1903), Claude Monet (1840-1926) et Auguste Renoir (1841-1919). Ces peintres se concentrent sur les couleurs, la lumière, les paysages et les êtres humains dans le cadre de la nature. Ils évoquent des impressions visuelles plutôt que des images précises.

En poésie, Paul Verlaine (1844-1896), précurseur des symbolistes, suggère la réalité, en évitant la précision, un peu à la manière des impressionnistes.

Le Bar aux Folies-Bergère *est l'une des dernières peintures d'Édouard Manet. Le peintre réussit à montrer les sentiments intimes de la femme au milieu d'une salle pleine de personnes assistant à un spectacle.*

1 Regardez le tableau. Quelle est la seule personne que l'on distingue clairement ?

2 Que voyez-vous derrière cette personne ? Est-ce la réalité ou un reflet dans un miroir ?

3 Qu'est-ce qu'on voit dans la partie droite du tableau ? Qui est-ce qui parle à la femme ?

❖ D'après vous, que ressent la femme dans ce tableau ? Est-elle triste ou heureuse ?

❖ Nommez un autre peintre ou écrivain français du XIXe siècle. (Pensez d'abord aux impressionnistes.) Faites un petit portrait de cette personne et écrivez quelque chose sur son œuvre.

Le XXᵉ siècle

La diversité des formes d'expression et de thèmes est très riche au XXᵉ siècle. C'est en France que plusieurs mouvements artistiques trouvent leurs premières inspirations. Le cubisme, par exemple, naît à Paris en 1907 et le surréalisme, créé par le poète André Breton, apparaît en 1924.

Cet épanouissement culturel attire en France des artistes du monde entier, par exemple, le Russe Marc Chagall (1887-1985) et l'Espagnol Pablo Picasso (1881-1973).

Le mouvement surréaliste se développe en peinture et en poésie. Le peintre italien Giorgio de Chirico (1888-1978), ami de Picasso et du poète Guillaume Apollinaire (1880-1918), et le poète Paul Éluard (1895-1952) cherchent à exprimer le monde des rêves.

> *Dormir la lune dans un œil et le soleil dans l'autre*
> *Un amour dans la bouche un bel oiseau dans les cheveux*
> *Parée comme les champs les bois les routes et la mer*
> *Belle et parée comme le tour du monde.*

Extrait de *Suite* de Paul Éluard

❖ Il n'y a pas de ponctuation dans cet extrait, sauf le point final. Quel effet cela produit-il si on lit l'extrait sans s'arrêter ?

❖ Écrivez un petit poème qui pour vous ressemble à un rêve.

Ci-dessus : Île-de-France d'Aristide Maillol (1861-1944). Il sculpte des formes simples et puissantes. Il représente la tendance figurative dans l'art du XXᵉ siècle.
Ci-dessous : Au début du siècle, Georges Braque (1882-1963) explore le cubisme avec l'Espagnol Pablo Picasso et Fernand Léger (1881-1955). Les objets et les personnages sont représentés en formes fragmentées et géométriques. Cette école donne une impulsion à l'art abstrait.

À la recherche du temps perdu de Marcel Proust (1871- 1922) est une œuvre clé de la littérature du XXᵉ siècle. Dans ce long roman en sept parties, Proust observe la haute société et découvre le monde intérieur de l'être humain.

La littérature de l'après-guerre est dominée par l'existentialisme du philosophe et écrivain Jean-Paul Sartre (1905-1980) qui explore la nature de l'être. Sa compagne, Simone de Beauvoir (1908-1986), écrit des livres qui parlent des thèmes existentialistes et de la condition féminine. En même temps, Albert Camus (1913-1960) dépeint un monde absurde. Ses personnages se révoltent contre cette condition et luttent pour la solidarité humaine comme le personnage du docteur Rieux dans La Peste.

Le septième art

Le cinéma est une invention française. La première salle de cinéma est ouverte par les frères Lumière à Paris en 1895, avec des films courts comme *La Sortie des usines Lumière* et *Le Déjeuner de bébé.*

Les premiers films parlants arrivent en 1927 et bientôt la première période classique du cinéma français commence avec des films comme *La Grande Illusion* (1937) de Jean Renoir et *Le jour se lève* (1939) de Marcel Carné.

La seconde grande période du cinéma français est la « nouvelle vague » des années soixante. Parmi les cinéastes qui ont tourné leurs premiers films pendant cette période il y a : Claude Chabrol, Jean-Luc Godard, François Truffaut, Éric Rohmer et Louis Malle. À la recherche d'un style plus vivant, ils tournaient des films avec des acteurs inconnus, souvent avec un dialogue à moitié improvisé.

L'industrie du cinéma français aujourd'hui subsiste grâce à l'aide financière de l'État.

Les films étrangers sont doublés en français, ce qu'on appelle « version française » ("v. f."), mais dans certaines salles de cinéma on peut les voir en version originale, ("v. o.").

L'acteur Gérard Depardieu joue le rôle de Cyrano dans le film Cyrano de Bergerac, *adapté d'une pièce de théâtre d'Edmond Rostand. Cyrano ne peut déclarer son amour pour Roxane parce qu'il a un très grand nez et se croit laid. Roxane aime Christian, mais Christian n'a pas d'esprit. Cyrano écrit à sa place des lettres d'amour merveilleuses pour Roxane.*

4 AVENTURES DE REINETTE ET MIRABELLE

Avec **Joëlle Miquel** (Reinette), **Jessica Forde** (Mirabelle), **Philippe Laudenbach** (le garçon), **Fabrice Luchini** (le marchand de tableaux).

L'histoire : Mirabelle est parisienne, Reinette habite à la campagne. Mirabelle séjourne dans la maison de vacances de ses parents. Un jour, en rentrant chez elle à bicyclette, elle crève un pneu devant chez Reinette. Celle-ci l'aide à réparer son vélo et l'invite chez elle. Reinette lui parle de l'heure bleue, instant de silence où les animaux de nuit sont déjà couchés et ceux du jour pas encore levés...

Adultes et adolescents.

1 Lisez le résumé du film. Est-ce que c'est un film d'aventures ?

2 Comment s'appellent les deux personnages principaux ?

3 Est-ce que les personnages principaux habitent tous les deux dans la même ville ?

4 À quel moment de la journée est « l'heure bleue » ? Est-ce le matin ou la nuit ?

❧ Quel film français avez-vous vu ? Est-ce que c'était :
A une comédie ?
B un film policier ?
C un film d'aventures ?
D un drame ?

❧ Quel était le thème du film ? Faites un bref résumé de l'histoire.

Le festival de Cannes, qui date de 1946, est le plus prestigieux du monde. Au mois de mai chaque année des cinéastes et des acteurs reçoivent des prix. Le prix le plus connu est « la Palme d'or ».

Au XXe siècle, la musique se diversifie dans plusieurs sens. Suivant la composition de *Prélude à l'après-midi d'un faune* de l'impressionniste Claude Debussy (1862-1918), la musique devient plus expérimentale. Olivier Messiaen (1908-1992), compositeur et organiste, s'inspire des chants d'oiseaux et introduit des éléments de musiques du monde entier. Pierre Schaeffer crée la musique « concrète » ou électroacoustique. Il enregistre des sons et les manipule pour produire l'effet qu'il cherche. Pierre Boulez, compositeur et chef d'orchestre, travaille sur la musique dodécaphonique qui se base sur une succession de douze sons.

La chanson

La tradition chantée trouve son origine dans le café-concert, le « caf'conc' » du XIXe siècle, où des chanteurs et chanteuses gagnent leur pain en chantant dans les cafés. L'une des chanteuses du « caf'conc' » les plus connues est Édith Piaf (1915-1963).

Une nouvelle génération de chanteurs plus intellectuels débute dans les années cinquante ; parmi eux il y a Juliette Greco et Boris Vian, puis, typiques des années soixante et soixante-dix, Georges Moustaki et Georges Brassens.

L'influence de la musique traditionnelle se fait sentir aussi. Le harpiste breton, Alan Stivell et les groupes Malicorne et Tri Yann chantent en breton tout en s'accompagnant des instruments traditionnels et modernes. Nouvelles Polyphonies Corses, un groupe de chanteurs corses, ont eu un grand succès avec la chanson *Giromondu*. L'accordéon, l'instrument traditionnel des bals musettes ou populaires, a été repris par des groupes comme Les Négresses Vertes pour en faire du « rock-musette ».

Les jeunes gens aiment bien écouter de la musique pop et rock d'autres pays : non seulement des chanteurs et des groupes de rock qui chantent en anglais, mais aussi la musique des Antilles et le raï, qui vient d'Algérie. Les chanteurs de raï les plus connus sont Khaled, « le roi du raï », et Cheb Mami, « le prince du raï ».

La chanteuse Édith Piaf est encore vénérée par les Français. Sa chanson Non, je ne regrette rien *est connue mondialement.*

Une chanteuse très connue en France est Patricia Kaas. En cinq ans 4 500 000 de ses albums ont été vendus dans le monde entier. Elle est originaire de la Lorraine où son père travaillait comme mineur et elle a commencé à chanter dès l'âge de 8 ans en participant à de nombreux concours de chant et bals populaires. Elle a sorti son premier disque à 18 ans.

♣ Avez-vous déjà écouté quelques-uns des chanteurs qui sont mentionnés dans le texte ? Lesquels ?

♣ Connaissez-vous d'autres chanteurs ou groupes français ? Sont-ils venus chanter dans votre pays ?

Les débuts de la science moderne

Les philosophes

La science moderne est née d'un désir d'expliquer les phénomènes de la nature. Ce sont les philosophes et les savants des XVIe et XVIIe siècles qui commencent à observer ces phénomènes de façon plus systématique. Le philosophe René Descartes (1596-1650) établit les principes de la méthode scientifique dans son livre, *Le Discours de la méthode*. Blaise Pascal (1623-1662), un autre philosophe important, démontre la loi des probabilités et celle de la pression hydraulique. Pour encourager les études scientifiques, Colbert, le ministre de Louis XIV, fonde l'Académie des sciences en 1666.

Descartes est très connu pour sa formule Cogito, ergo sum *(Je pense, donc je suis) qui résume sa preuve philosophique de l'existence du monde. Il fait des études dans plusieurs domaines et on le considère comme le fondateur de la science optique. À droite : son propre dessin illustre le fonctionnement de l'œil.*

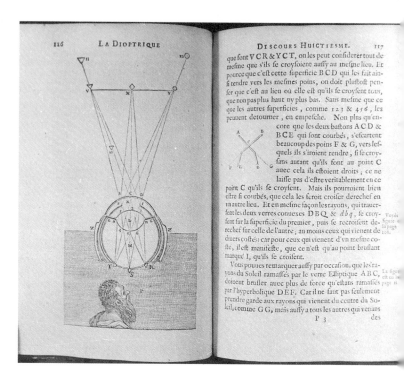

La science appliquée

À la fin du XVIIIe siècle, la technologie moderne se développe. Joseph Cugnot (1725-1804) réalise le premier véhicule à vapeur en 1770. La technologie s'applique aussi aux procédés industriels. Le métier à tisser jacquard est mis au point par Joseph-Marie Jacquard (1752-1834) en 1801. Il permet le tissage de motifs dans la soie au moyen de cartes perforées. C'est un premier pas vers l'utilisation de l'informatique dans l'industrie.

Joseph Niepce (1765-1833) fait les premières images photographiques. En 1838, perfectionnant le travail de Niepce, Louis Daguerre (1787-1851) réussit à fixer les images photographiques. On appelle ces premières photos des daguerréotypes. Une machine à faire bouger les images – le cinématographe – est réalisée par Louis Lumière (1864-1948) en 1895 et utilisée à Paris dans la première salle de cinéma.

Le système métrique

La Révolution française, cherchant à adopter un nouveau système de mesures, reprend l'idée d'un système de mesures décimal, proposée par l'abbé Gabriel Mouton en 1670. Le mètre devient l'unité de mesure obligatoire en France en 1840.

Le système international d'unités moderne (SI) comprend sept unités de base dont trois d'origine française : le mètre, le kilogramme et l'ampère.

La première « automobile » marche à la vapeur. Le « fardier » automobile à trois roues de Joseph Cugnot pouvait transporter quatre personnes.

Des chercheurs célèbres

Antoine Lavoisier (1743-1794) est le fondateur de la chimie moderne. Il développe une classification des éléments chimiques, dont l'oxygène et l'hydrogène. Il formule la loi de la conservation de la matière. Devenu riche – il était percepteur des impôts – il est arrêté et guillotiné pendant la Révolution qui, selon le juge, n'avait pas besoin de savants.

En physique, André Ampère (1775-1836) crée la science de l'électrodynamique et invente le télégraphe électrographique. Son nom est immortalisé dans l'unité de mesure actuelle de l'intensité du courant électrique : l'ampère.

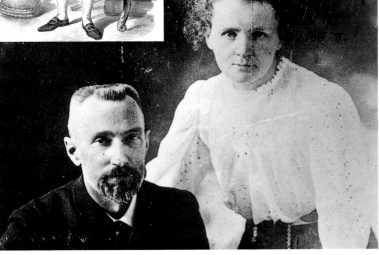

Le biologiste Louis Pasteur (1822-95) est le créateur de la microbiologie. Il découvre que la fermentation provient de l'activité des microbes, et il met au point une méthode pour les détruire - la pasteurisation. En 1885, il développe un sérum contre la rage. Après sa mort, l'Institut Pasteur est fondé. Le travail de cet institut dans les domaines de la médecine et de la génétique est reconnu mondialement.

La découverte de la radioactivité par Henri Becquerel (1852-1908) en 1896 inspire Marie Curie (1867-1934) qui, à son tour, découvre le radium. Avec son mari, Pierre (1859-1906), elle partage le prix Nobel de physique en 1903 avec Henri Becquerel. Marie Curie reçoit un deuxième prix Nobel – de chimie – en 1911. Le « becquerel » et le « curie » sont les unités de mesure de la radioactivité.

Quelques inventions françaises

Autocuiseur, 1680, D. Papin
Ceinture de sauvetage, 1769, Abbé de Lachapelle
Stéthoscope, 1815, R. Laennec
Système de lecture pour aveugles, 1829, L. Braille
Poubelle, 1884, E. Poubelle
Scooter, 1902, G. Gauthier
Test d'intelligence, 1905, A. Binet et T. Simon

❖ D'après vous, parmi les découvertes et les inventions figurant sur ces pages, quelles sont les trois qui ont eu le plus d'influence dans le monde ? Pourquoi ?

❖ D'après vous, à quoi servent la science et la technologie ?
 A À aider les malades et les handicapés.
 B À rendre la vie quotidienne plus confortable.
 C À faire gagner de l'argent aux scientifiques.
 D À aider les personnes les plus pauvres.
 E À autre chose.

❖ Est-ce que vous avez utilisé une forme moderne de quelques-unes de ces inventions ? Lesquelles ?

De révolution en révolution

Le peuple se révolte

Louis XVI refuse d'accepter la Constitution de 1791 et tente de fuir la France. Il est guillotiné le 21 janvier 1793.

Au XVIIe siècle la France est un pays riche, mais la majorité de ses habitants vit dans la misère. Le trésor royal est vide à cause des guerres. Pour trouver des fonds, le roi Louis XVI convoque en 1789 les États généraux, une sorte de parlement représentant les trois ordres de la société française : le clergé, la noblesse et le tiers état (c'est-à-dire, les bourgeois et le peuple).

Sous l'Ancien Régime, les deux premiers ordres, qui sont très riches et qui ont le pouvoir, ne paient pas d'impôts. Les bourgeois, qui créent la richesse du pays par le commerce et la manufacture, ont peu de pouvoir politique. La masse du peuple, les paysans, paie la plus grande partie des impôts. Les bourgeois et les paysans sont mécontents.

À la première réunion des États généraux, le tiers état, très mécontent parce que le roi veut augmenter les impôts, se proclame Assemblée nationale. Le 14 juillet 1789, le peuple parisien prend les armes et attaque la Bastille, la prison royale. La Révolution française a commencé.

Pendant la période de la Révolution, qui dure de 1789 à 1799, l'Assemblée nationale supprime les privilèges de l'Ancien Régime et proclame la *Déclaration des droits de l'homme et du citoyen*. Les gouvernements révolutionnaires introduisent le vote pour tous les hommes, vendent les terres de l'Église et séparent les fonctions de l'Église de celles de l'État. Ils créent une administration centrale et une armée nationale.

La patrie en danger !

La mort de Louis XVI provoque une forte réaction dans les monarchies européennes qui se prononcent contre la France républicaine. La République est menacée, de l'intérieur aussi, par une révolte royaliste en Vendée. La Révolution devient plus extrême et, en 1793, la Terreur est déclenchée par un ardent révolutionnaire, Maximilien de Robespierre (1758-1794). Environ 30 000 personnes périssent pendant la Terreur.

Les Autrichiens, les Prussiens, les Anglais et les Espagnols capitulent devant les armées de la République. La Belgique est annexée. Un des officiers de l'armée française est le jeune Napoléon Bonaparte (1769-1821), qui sauve le gouvernement en 1795 d'un coup d'État royaliste. Il est nommé général de l'armée d'Italie en 1796. Il a 27 ans.

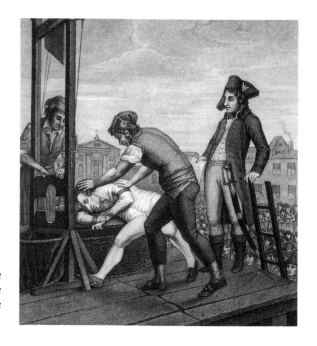

Robespierre est exécuté en 1794, victime de la Terreur qu'il a déclenchée. C'est l'An II de la Liberté du calendrier révolutionnaire, qui va rester en vigueur jusqu'au 1er janvier 1806.

Vive l'Empereur !

Le 18 brumaire du calendrier révolutionnaire (le 9 novembre 1799), Napoléon Bonaparte devient Premier consul par un coup d'État. C'est la fin de la Révolution. Il atteint vite le pouvoir suprême. Le 2 décembre 1804, il est proclamé empereur.

En 1805, Napoléon fait la preuve de son génie militaire en écrasant les armées autrichiennes et russes à la bataille d'Austerlitz. Au cours de 1806, il commence l'organisation du Grand Empire, qui s'étend de Berlin jusqu'en Italie. Après la défaite de la flotte française par l'amiral anglais Nelson en 1805, Napoléon abandonne son projet d'envahir l'Angleterre et décide d'imposer un blocus économique contre ce pays. Pour empêcher tout commerce avec l'Angleterre, il envahit l'Espagne et bloque tous les ports du continent.

La Russie souffre de problèmes causés par le blocus et demande des concessions. En 1812, Napoléon envahit la Russie, une décision qui entraîne sa chute. Il laisse 300 000 des 700 000 soldats de la Grande Armée sur les champs de bataille de Russie.

Vaincu à « la bataille des Nations » à Leipzig en 1813 par une coalition des puissances européennes, Napoléon abdique et est exilé sur l'île d'Elbe en Méditerranée. Il tente de revenir au pouvoir, mais il est vaincu à la bataille de Waterloo en 1815, par les Anglais et les Prussiens. Exilé à Sainte-Hélène, une île en plein océan Atlantique, il y meurt en 1821.

Pour la France moderne, l'importance historique de Napoléon réside plutôt dans ses mesures civiles que dans ses victoires militaires. Certaines de ses réformes ont duré longtemps avec peu de changement : le Code civil, dit « Napoléon », l'administration préfectorale dans les départements, les lycées d'État, la Banque de France.

1 Choisissez les cinq dates ou événements que vous considérez comme étant les plus importants dans la vie de Napoléon. Expliquez pourquoi.

Encore des révolutions

Après la chute de Napoléon en 1815, Louis XVIII, le frère de Louis XVI, devient roi. Le drapeau tricolore (bleu, blanc, rouge) est remplacé par le drapeau blanc royal. Les royalistes privilégiés sont de retour. Les personnes plus pauvres n'ont plus le droit de vote.

Les mesures répressives du roi suivant, Charles X, et une mauvaise situation économique provoquent une révolution en 1830. Le roi abdique et est remplacé par Louis-Philippe soutenu par la bourgeoisie. La majorité du peuple ne partage pas le pouvoir politique. Seulement 240 000 électeurs sur 34 millions d'habitants ont le droit de voter. Une crise économique dans les années 1846 et 1847 rend les ouvriers et les bourgeois mécontents. Le peuple proteste, Louis-Philippe abdique et la troisième République est proclamée en 1848. Le gouvernement provisoire reprend le drapeau tricolore et rétablit le suffrage universel (pour les hommes).

La Liberté guidant le peuple, par le peintre romantique Eugène Delacroix, partisan de la révolution de juillet 1830. Cette révolution dure trois jours – les 27, 28 et 29 juillet 1830 – appelés les « Trois Glorieuses ».

2 Regardez le tableau. Que porte la Liberté ?

De l'Empire à la République

Le Second Empire

L'abdication du roi Louis-Philippe en 1848 est suivie de l'élection de Louis Napoléon comme président de la République. En 1852, après un coup d'État et l'arrestation de 27 000 personnes, Louis Napoléon, qui est le neveu de Napoléon Bonaparte, se fait proclamer empereur en prenant le titre de Napoléon III. Sous son régime, l'industrie et le commerce prospèrent et la bourgeoisie s'estime satisfaite.

Le Second Empire prend fin avec la guerre franco-prussienne de 1870. Napoléon III s'engage dans une guerre contre la Prusse, mais il est vaincu et se rend à Sedan. Les Prussiens avancent rapidement sur Paris et l'assiègent. Vaincue, la France cède l'Alsace-Lorraine.

Le peuple de Paris n'accepte pas l'armistice de 1870. Il se rallie derrière le drapeau rouge de la Commune, une république socialiste et révolutionnaire. La Commune est écrasée par les troupes du gouvernement français qui reprennent la ville pendant la « semaine sanglante » du 22 au 28 mai 1871. Plus de 25 000 communards sont tués, d'autres sont envoyés au bagne en Guyane.

La IIIᵉ République

Sous la IIIᵉ République, fondée sur la Constitution de 1871, une succession de crises et de scandales accentue les divisions entre les partis anticléricaux et républicains d'un côté, et les nationalistes, cléricaux et militaires de l'autre.

Un groupement antirépublicain de droite se forme autour du général Boulanger. Il prépare un coup d'État en 1889, mais hésite et le mouvement se dissout.

En 1894, l'affaire Dreyfus divise l'opinion publique. Un officier juif de l'armée française, Alfred Dreyfus, est faussement accusé d'espionnage pour l'Allemagne. Il est condamné à la prison. Dans cette affaire, la France fait preuve d'antisémitisme et est divisée entre « dreyfusards » et « antidreyfusards ». Ce n'est qu'en 1906 qu'Alfred Dreyfus est déclaré innocent. Il est réintégré dans l'armée et reçoit la Légion d'honneur.

La première décennie de la IIIᵉ République est marquée par l'expansion coloniale et la réforme de l'enseignement, deux causes adoptées par Jules Ferry, président du Conseil (c'est-à-dire, le Premier ministre de l'époque).

Une campagne de presse est menée pour prouver l'innocence de Dreyfus. En particulier, une lettre de l'écrivain Émile Zola au président de la République intitulée « J'accuse », et publiée dans un journal, a attiré l'attention du public sur l'affaire Dreyfus. La force de l'opinion publique se révèle pour la première fois.

❖ D'après vous, est-ce qu'une campagne de presse aurait de nos jours autant d'influence sur l'opinion publique ? Expliquez pourquoi.

Le socialisme

Inspiré par le philosophe Pierre-Joseph Proudhon (1809-1865), qui dit « La propriété, c'est le vol », et par Karl Marx (1818-1883), initiateur du communisme moderne, le mouvement ouvrier s'organise. En 1876, le premier congrès ouvrier a lieu à Paris et les élections de 1893 donnent aux socialistes 48 sièges à l'Assemblée nationale. En 1895, la Confédération générale du travail est fondée sur l'union de plusieurs syndicats. Neuf ans plus tard, les partis socialistes français s'unifient et le mouvement adhère à l'Internationale ouvrière.

Le droit de grève existe depuis 1864, mais, en fait, les grèves sont sévèrement réprimées : en 1908, une grève est cassée par des soldats, faisant quatre morts.

La Grande Guerre

La période entre le début du siècle et la Première Guerre mondiale est pour la bourgeoisie « la Belle Époque » – elle mène une vie confortable et prospère. Pour les ouvriers, la vie est moins facile.

En 1914, un conflit européen éclate. Après l'assassinat de l'archiduc d'Autriche à Sarajevo le 28 juin, l'Autriche-Hongrie et l'Allemagne déclarent la guerre à la Russie le 1er août, et, deux jours plus tard, à la France. Après l'invasion allemande de la Belgique, le Royaume-Uni entre en guerre contre l'Allemagne.

Le plan allemand est d'encercler Paris, mais l'armée allemande est arrêtée à la Marne par les forces du général Joffre. Les armées restent face à face et la guerre des tranchées commence. Des offensives périodiques font beaucoup de morts. À la bataille de Verdun, en 1915, 221 000 Français et 500 000 Allemands sont tués en cinq mois.

La situation ne change qu'en 1917, quand les États-Unis entrent dans le conflit. Georges Clemenceau, président du Conseil, pousse la production d'armements militaires et, le 18 juillet, les Français contre-attaquent. Le 11 novembre 1918 l'armistice est signé.

Pour la France, la Première Guerre mondiale est une catastrophe : on compte 1 400 000 morts et des milliers de blessés. Le traité de Versailles de 1919 rend l'Alsace-Lorraine à la France et impose des conditions sévères à l'Allemagne.

Les armées opposées creusent des tranchées de la Manche jusqu'en Alsace. Les conditions pour les « poilus » (soldats français) aussi bien que pour les soldats des autres armées sont terribles. Les tranchées sont souvent pleines de boue et des rats courent partout.

De la guerre à la coopération

Encore la guerre

La période entre la Première et la Deuxième Guerre mondiale est marquée par l'instabilité économique et sociale. Les rapports entre le gouvernement et les syndicats ne s'améliorent pas. Les partis de gauche, s'unifiant dans le Front populaire, remportent la victoire aux élections de 1936.

En Allemagne, Adolf Hitler devient chef d'État. En septembre 1939, l'Allemagne envahit la Pologne, et la France déclare la guerre à l'Allemagne. En mai 1940, les Allemands écrasent l'armée française en moins de six semaines.

À Vichy, dans le centre de la France, des députés français accordent les pleins pouvoirs au maréchal Pétain, héros de la bataille de Verdun pendant la Grande Guerre. Pétain cède l'Alsace-Lorraine aux Allemands. Un million et demi de Français sont faits prisonniers.

La France est coupée en deux zones. Pétain devient le chef de l'État français de Vichy, dans la « zone libre » au sud-est, qui n'est pas occupée par les armées allemandes. Cet État, autoritaire et antisémite, collabore avec les Allemands. À partir de 1943, les jeunes Français sont obligés de travailler en Allemagne. Un grand nombre de juifs sont déportés et massacrés. La guerre se termine en 1945. Le 25 août, le gouvernement provisoire s'installe à Paris. Après la guerre, des milliers de collaborateurs sont punis.

Le premier gouvernement socialiste français sous Léon Blum (1872-1950) vote des réformes dans le domaine du travail. À partir de 1936 la durée du travail est limitée à 40 heures par semaine et les employés ont des congés payés – 12 jours – pour la première fois.

En 1940 le général Charles de Gaulle s'exile en Angleterre. À la radio, il lance aux Français « l'appel du 18 juin », leur rappelant « le devoir absolu de continuer la résistance ». En France les membres de la Résistance détruisent des ponts, des usines et d'autres points stratégiques. À la fin de la guerre, le général de Gaulle devient le chef du gouvernement provisoire.

L'indépendance pour les colonies

La Deuxième Guerre mondiale modifie beaucoup les rapports entre la France et ses colonies.

En 1945, Hô Chi Minh proclame l'indépendance de l'Indochine qui comprend les pays actuels du Viêt-nam, du Cambodge et du Laos. La guerre dure huit ans et se termine par la défaite des Français à Diên Biên Phu. En 1954, les Français se retirent.

Dans la même année, il y a une révolte nationaliste en Algérie. La population musulmane réclame l'indépendance, mais les « pieds-noirs », les 1 200 000 Français qui habitent en Algérie, s'y opposent et une guerre éclate. En 1958, on réclame le retour au pouvoir du général de Gaulle comme seul capable de résoudre la situation. Il accepte d'être le chef de l'État et négocie la fin de la guerre et l'indépendance pour l'Algérie en 1962. Les Français approuvent l'indépendance de l'Algérie dans un référendum et les pieds-noirs partent pour la France.

La France accorde l'indépendance au Maroc et à la Tunisie en 1956 et aux autres colonies françaises en Afrique avant 1960.

♣ Est-ce que vous entendez parfois parler des anciennes colonies françaises dans les journaux, à la radio ou à la télévision ? Lesquelles ? Expliquez pourquoi.

Après l'indépendance, des citoyens des anciennes colonies sont venus vivre et travailler en France. Les enfants de ces immigrés font partie de la France pluriculturelle d'aujourd'hui.

Mai '68

En politique extérieure, de Gaulle développe le rôle international de la France, mais à l'intérieur il semble perdre contact avec une société qui change.

Pendant les années cinquante et soixante les logements manquent dans les villes. Le chômage progresse. L'enseignement traverse des moments difficiles. Ni les ouvriers ni les étudiants ne sont contents. Les Français ont l'impression que le gouvernement ne les écoute plus.

Ces tensions dans la société éclatent et aboutissent aux « événements » de mai 1968, quand les étudiants et les ouvriers se révoltent contre l'autorité. De ces événements datent les débats modernes : la femme dans la société, l'écologie, la régionalisation, les relations entre parents et enfants.

Un an après les événements de mai 1968, de Gaulle propose des projets de réformes constitutionnelles. Elles sont rejetées lors d'un référendum et il démissionne.

Quinze jours de révolte en mai 1968 à Paris changent la société française. « Soyez réalistes, demandez l'impossible » disent les étudiants de l'université de Paris qui manifestent. La France est paralysée par une grève totale de 13 millions d'ouvriers.

La carte des Régions

La France décentralisée

La France possède 22 Régions métropolitaines, c'est-à-dire des Régions qui sont en France. Il y a aussi quatre Régions outre-mer qui sont en même temps Région et département : la Guadeloupe, la Martinique, la Guyane et la Réunion.

Le système actuel des Régions a été établi en 1982 par la loi sur la décentralisation (voir page 45). Beaucoup de Régions portent le nom d'une ancienne province.

Chaque Région a un conseil qui est élu par le peuple. Il y a aussi dans chaque Région un représentant de l'État, le préfet. Les bureaux du préfet se trouvent à la préfecture.

Les départements

L'Hexagone se divise en 96 départements. Chaque département est numéroté, par exemple, le numéro 75 représente la Ville de Paris. Les annuaires du téléphone sont également numérotés avec le numéro du département.

Ce sont souvent des aspects géographiques qui donnent leur nom aux départements. La plupart des départements portent le nom d'une rivière, d'autres d'un massif.

01 l'Ain	48 la Lozère
02 l'Aisne	49 le Maine-et-Loire
03 l'Allier	50 la Manche
04 les Alpes-de-Haute-Provence	51 la Marne
05 les Hautes-Alpes	52 la Haute-Marne
06 les Alpes-Maritimes	53 la Mayenne
07 l'Ardèche	54 la Meurthe-et-Moselle
08 les Ardennes	55 la Meuse
09 l'Ariège	56 le Morbihan
10 l'Aube	57 la Moselle
11 l'Aude	58 la Nièvre
12 l'Aveyron	59 le Nord
13 les Bouches-du-Rhône	60 l'Oise
14 le Calvados	61 l'Orne
15 le Cantal	62 le Pas-de-Calais
16 la Charente	63 le Puy-de-Dôme
17 la Charente-Maritime	64 les Pyrénées-Atlantiques
18 le Cher	65 les Hautes-Pyrénées
19 la Corrèze	66 les Pyrénées-Orientales
2A la Corse-du-Sud	67 le Bas-Rhin
2B la Haute-Corse	68 le Haut-Rhin
21 la Côte-d'Or	69 le Rhône
22 les Côtes-d'Armor	70 la Haute-Saône
23 la Creuse	71 la Saône-et-Loire
24 la Dordogne	72 la Sarthe
25 le Doubs	73 la Savoie
26 la Drôme	74 la Haute-Savoie
27 l'Eure	75 la Ville de Paris
28 l'Eure-et-Loir	76 la Seine-Maritime
29 le Finistère	77 la Seine-et-Marne
30 le Gard	78 les Yvelines
31 la Haute-Garonne	79 les Deux-Sèvres
32 le Gers	80 la Somme
33 la Gironde	81 le Tarn
34 l'Hérault	82 le Tarn-et-Garonne
35 l'Ille-et-Vilaine	83 le Var
36 l'Indre	84 le Vaucluse
37 l'Indre-et-Loire	85 la Vendée
38 l'Isère	86 la Vienne
39 le Jura	87 la Haute-Vienne
40 les Landes	88 les Vosges
41 le Loir-et-Cher	89 l'Yonne
42 la Loire	90 Le Territoire de Belfort
43 la Haute-Loire	91 l'Essonne
44 la Loire-Atlantique	92 les Hauts-de-Seine
45 le Loiret	93 la Seine-Saint-Denis
46 le Lot	94 le Val-de-Marne
47 le Lot-et-Garonne	95 le Val-d'Oise

La région parisienne

1 Regardez la carte des départements. Cherchez sur la carte les cinq premiers départements de la liste. Est-ce qu'ils sont proches les uns des autres ?

Les deux derniers chiffres des plaques d'immatriculation des voitures représentent le numéro du département. Ces voitures attendent à un feu rouge dans la ville d'Annecy, un centre touristique dans le département de la Haute-Savoie (74). La voiture de gauche vient du département de la Savoie (73).

2 Regardez les plaques des deux autres voitures. D'où viennent-elles ?

L'Île-de-France (1)

Paris, la capitale

Paris est la capitale de la France. Elle se situe au centre de la Région l'Île-de-France, la région la plus riche du pays. L'activité industrielle de la région est très importante et comporte 20 pour cent des industries de France. Les grosses unités sont au sud, au sud-est et au nord-est de la capitale. Vingt-cinq pour cent de la main-d'œuvre en France travaille dans la région parisienne. Beaucoup de Parisiens travaillent dans les services : grands magasins, hôtels, bureaux.

Île-de-France

Avec environ 18 millions de déplacements par jour dans la région parisienne, il faut un système de transports en commun efficace. Le métro dessert le centre de la Ville de Paris. Le RER (Réseau express régional) et les trains vont plus loin dans les banlieues. Les gens qui vont au travail en voiture sont souvent bloqués dans des bouchons sur le périphérique, un boulevard qui fait le tour de Paris.

Temps libre à Paris

Si vous voulez voir un film, une pièce de théâtre ou une exposition de peinture, consultez Pariscope.

Les cafés, les bistros et les bons restaurants attirent les Parisiens aussi bien que les touristes. Au café, on peut s'asseoir à l'intérieur, au comptoir ou à une table, ou bien on peut s'installer en terrasse pour regarder les passants.

Au Parc de la Villette, il y a une salle pour les concerts de rock et de musique pop, le Zénith. La Cité des sciences et de l'industrie comprend un planétarium et des salles d'exposition. La Géode est une salle de cinéma hémisphérique.

Les grandes avenues

Les grandes avenues, qui semblent si typiques de Paris, datent du Second Empire (1852-1870). Le baron Haussmann, qui était le préfet de la Seine et responsable de l'administration de Paris pendant le Second Empire, a transformé la ville. Il a fait démolir des quartiers entiers pour construire de grandes places et avenues et il a créé d'immenses parcs comme le Bois de Boulogne et le Bois de Vincennes aux limites de la ville. Sous Paris, des réseaux d'eau, de gaz et d'égouts ont été construits.

En construisant de larges avenues, l'intention de Haussmann n'était pas seulement de rendre la ville plus belle. Il voulait faire des routes qui permettraient aux troupes de se déplacer facilement dans Paris, au cas où les habitants de Paris se révolteraient contre le gouvernement.

Du haut de l'Arc de Triomphe, on voit très bien les grandes avenues créées par Haussmann. Le nom de la place autour de l'Arc est devenue l'Étoile parce que les 12 avenues qui partent de la place ressemblent aux points d'une étoile. Plus tard, la place a été nommée la place Charles-de-Gaulle en l'honneur de l'ancien président.

C'est nouveau !

À Paris, on n'a jamais peur du nouveau ! La tour Eiffel, qui est un des symboles de Paris, a fait scandale en 1889 quand elle a été construite pour l'Exposition universelle. Beaucoup ont affirmé que le bâtiment était laid !

Depuis ce temps-là, il y a eu d'autres bâtiments controversés. Le Centre national d'art et de culture Georges-Pompidou, inauguré en 1977, a beaucoup choqué. Les Parisiens l'ont baptisé « le Centre Beaubourg » du nom de la rue voisine. Plus récemment, ce sont l'Opéra de la Bastille (1989), l'Arche de la Défense (1991) et la Bibliothèque nationale (1998) qui provoquent de fortes réactions.

Le Grand Louvre est un palais royal transformé en musée à partir de 1793. C'est le plus grand musée du monde. Au centre de ce musée, dans la Cour carrée, se trouve la partie la plus récente : une pyramide en verre de 21 mètres de hauteur. C'est un mélange d'art moderne et ancien.

La Bibliothèque nationale.

Vrai ou faux ? Corrigez les phrases fausses.
A Le RER joue de la musique pop.
B Le Bois de Boulogne est au centre de Paris.
C La tour Eiffel a été construite au XIXe siècle.
D Le Centre Beaubourg est la partie la plus récente du Musée du Louvre.

L'Île-de-France (2)

Île-de-France

Autour de Paris

À une distance d'environ 60 kilomètres autour de Paris se trouvent des forêts, véritables « poumons » de la capitale : au sud-est, Fontainebleau, au sud-ouest, Rambouillet et au nord, Chantilly. La forêt de Saint-Germain-en-Laye, à l'ouest de Paris, est un peu plus près de la capitale.

De magnifiques châteaux ont été construits dans ces forêts par les rois de France et les nobles. Le roi et sa cour s'amusaient à chasser dans la forêt.

Le château de Fontainebleau, au milieu de la forêt, a été construit par François Ier au XVIe siècle. C'était un des plus grands palais royaux. Au XIXe siècle, c'était la résidence de Napoléon Bonaparte.

**MERCI
DE PROTÉGER L'ENVIRONNEMENT**
ICI ET AILLEURS

DURÉE DE SURVIE DES EMBALLAGES JETÉS :

Boîte de conserve alu	: 80 - 100 ans
Bouteille en verre	: 1.000.000 ans
Sacs plastiques	: 10 - 20 ans
Papier plastifié	: 5 ans
Mégots	: 1 à 5 ans
Épluchures	: 1 à 5 semaines

**MERCI DE VOUS EN SOUVENIR
ET DE BIEN VOULOIR UTILISER LES POUBELLES**

Association Les Amis de Vaux-le-Vicomte

Voici un panneau qui se trouve à l'entrée d'un château dans la Région Île-de-France. Les visiteurs jettent parfois des boîtes en aluminium ou leurs mégots de cigarette par terre, dans le château ou dans le parc.

1 Quel est l'emballage qui se dégrade le plus lentement ?

2 Si vous épluchez une orange et si vous jetez l'épluchure par terre, combien de temps faut-il avant qu'elle se dégrade ?

♣ Quelle est la durée de survie d'un emballage jeté qui vous surprend le plus ? Expliquez pourquoi.

Un lieu de repos

Au nord de Paris se trouve la ville de Saint-Denis. Son nom vient de Saint Denis qui a été martyrisé par les Romains au IIIe siècle. Selon la légende, il a été décapité à Montmartre, à Paris, mais il a continué à marcher, en portant sa tête dans ses mains. La ville de Saint-Denis est l'endroit où il est tombé et où il a été enterré.

La cathédrale de Saint-Denis, qui date du XIIe siècle, est l'un des premiers grands bâtiments du style gothique. Pendant douze siècles, du roi Dagobert, mort en 639, à Louis XVIII, presque tous les rois et reines de France ont été enterrés dans cette cathédrale.

Dans l'air

L'aéroport principal de Paris, Roissy-Charles de Gaulle, se situe à 28 kilomètres du centre de la capitale. Il a été mis en service en mai 1974. Aujourd'hui, en moyenne, plus de 87 000 passagers par jour arrivent ou partent de Roissy. L'aéroport est aussi important pour les habitants de l'Île-de-France. Environ 40 000 personnes, employées dans 500 entreprises, travaillent à l'aéroport.

Au sud de Paris se trouve l'aéroport d'Orly, le deuxième aéroport de la capitale. Chaque année, plus de 59 millions de passagers utilisent les aéroports de Roissy et d'Orly.

Soixante lignes aériennes relient Paris aux autres pays du monde. La première ligne internationale est Paris-Londres et la première ligne hors d'Europe est Paris-New York.

La forme de la première aérogare de Roissy est originale. L'aérogare a été construite en forme circulaire pour permettre aux passagers d'aller plus rapidement prendre leur avion dans les sept « satellites » autour du bâtiment central.

Les deux plus grandes lignes aériennes de France sont Air France et Air Inter. Air France assure les vols internationaux et Air Inter, les vols intérieurs. Les vols intérieurs à destination de Marseille, Toulouse, Nice, Montpellier, Bordeaux et Lyon sont les plus fréquentés.

Sur l'eau

Cette péniche transporte sa cargaison sur l'Oise, une rivière qui rejoint la Seine. Le fond plat de la péniche lui permet de remonter facilement les canaux et les fleuves peu profonds.

Le transport par voie d'eau – par canaux ou fleuves – à l'intérieur de la France se concentre dans le nord et dans l'est du pays. Dans le sud, le trafic fluvial le plus important est sur le Rhône.

La Seine est la voie d'eau la plus active : elle transporte 60 pour cent des cargaisons fluviales. À Paris, les canaux de l'Ourcq et de Saint-Martin traversent la ville et relient la Marne à la Seine.

Le transport des cargaisons par péniche est assez lent, mais on peut transporter plus facilement des matériaux lourds comme les produits pétroliers et des minéraux comme le charbon.

3 Quel autre moyen de transport voyez-vous sur la péniche ?

4 Vrai ou faux ? Corrigez les phrases fausses.
   A La Seine est un canal entre la Marne et Paris.
   B Les rois de France ont été enterrés dans la cathédrale de Saint-Denis.
   C Fontainebleau est un château construit par Napoléon Bonaparte.
   D Les passagers qui vont de Paris à Bordeaux en avion prennent un vol international.

L'Ouest

Bretagne
Basse-Normandie
Haute-Normandie
Pays de la Loire

Un pays maritime

La Bretagne est la région la plus à l'ouest de la France. Elle s'avance dans l'océan Atlantique. La Pointe du Raz, le point le plus à l'ouest, se trouve dans le département du Finistère, ce qui veut dire « fin de la terre ».

La plupart des villes de Bretagne sont des ports. Son arrière-pays a longtemps été pauvre, ce qui a poussé les Bretons à aller vivre dans d'autres régions de la France. Aujourd'hui, l'agriculture bretonne est très performante. Elle produit une grande variété de légumes ; c'est le premier producteur d'artichauts sur le marché européen.

Dans le secteur industriel, la Bretagne a bénéficié de la décentralisation. L'industrie automobile ainsi qu'un grand centre de recherche informatique se sont installés à Rennes. C'est devenu le premier pôle français en matière de télécommunications, et un centre important de recherche océanographique.

La côte bretonne est rocheuse avec des baies sablonneuses. Les villes de la côte vivent de la mer et attirent aussi beaucoup de touristes.

D'origine bretonne, la crêpe se mange sucrée ou salée. Sucrée, on la mange au beurre et au sucre, ou bien avec de la confiture. On peut la déguster salée, avec du fromage râpé, du jambon, des légumes ou des fruits de mer.

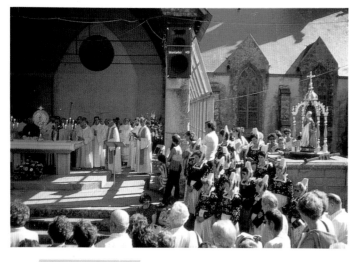

Les pardons sont des fêtes religieuses qui ont lieu en été. Ici, à la messe du pardon de Sainte Anne, on voit des femmes habillées en costume régional. Elles portent la coiffe bretonne.

« J'irai revoir ma Normandie »

« J'irai revoir ma Normandie » est une vieille chanson nostalgique qui évoque les paysages de Normandie. Ce sont des paysages connus pour leur herbe grasse et leurs vaches. La production du lait, base de multiples produits laitiers comme le fromage et les yaourts, donne une place importante à l'agroalimentaire dans cette région.

Rouen, aujourd'hui en Haute-Normandie, est la capitale historique de l'ancienne province de Normandie. La Haute-Normandie est très industrialisée. Les deux grands ports de la vallée de la Seine sont Le Havre, dominé par l'industrie pétrochimique, et Rouen où l'industrie est plus diversifiée.

L'élevage des vaches et les vergers de pommiers sont typiques des vallées de la Normandie. On cultive la pomme pour en faire du cidre et une eau-de-vie, le calvados. De la Normandie proviennent aussi de nombreux fromages : le plus connu est le camembert. D'après ce qu'on dit, ce fromage a été fabriqué par Marie Harel qui a reçu la recette d'un prêtre qu'elle avait hébergé pendant la Révolution.

Les Pays de la Loire

La Région Pays de la Loire se compose de cinq départements. Les trois départements du sud se trouvent autour de l'embouchure de la Loire à Nantes, la capitale de la Région.

C'est une Région dynamique qui a profité d'une modernisation de l'industrie autour du port de Nantes, le quatrième de France. L'activité du port repose sur l'importation du pétrole et les industries associées comme les chantiers navals. Nantes et les autres villes principales de la région, Le Mans et Angers, profitent également du développement des industries électrique, électronique et aéronautique.

1 Les Sables-d'Olonne est un centre touristique sur la côte atlantique. Regardez cet extrait sur les demandes de renseignements à l'office de tourisme.

1 La plupart des demandes ont été faites :
   A par courrier ?
   B au téléphone ?
   C à l'office de tourisme ?
   D par Minitel ?

2 Quelle est la méthode préférée des étrangers pour demander des renseignements ? Expliquez pourquoi.

❖ Le Minitel a un écran où on peut lire tous les renseignements. Pourquoi est-ce que les étrangers ne font pas de demandes par Minitel (voir page 53) ?

2 Vrai ou faux ? Expliquez pourquoi.
   A En Bretagne, on cultive une variété de légumes.
   B Le port du Havre est sur la Seine.
   C Ministère veut dire « fin de la terre ».
   D La ville du Mans se trouve dans la région des Pays de la Loire.

Le Nord

Le pays noir

Les Régions Nord-Pas-de-Calais et Picardie connaissent de graves difficultés depuis les années soixante en raison de la fermeture des mines de charbon et de la crise de la sidérurgie et du textile, mais certaines activités commerciales et industrielles restent toujours très importantes. Tourcoing est la capitale mondiale du commerce de la laine. La cristallerie d'Arques occupe le premier rang mondial pour la verrerie de ménage.

Dans le secteur tertiaire, les entreprises qui font de la VPC (vente par correspondance) représentent 75 pour cent des ventes par correspondance nationales. En agriculture, ces régions occupent le premier rang mondial pour la culture de la chicorée et de l'endive. Le lin et le houblon sont aussi cultivés.

Lille, la capitale du Nord-Pas-de-Calais, se situe au croisement des lignes TGV (train à grande vitesse) qui vont de la Grande-Bretagne en Allemagne et de Paris en Belgique. Pour se préparer, la ville construit Euralille, un nouveau quartier d'affaires qui comprend une nouvelle gare ferroviaire internationale. Le chantier est l'un des plus grands d'Europe.

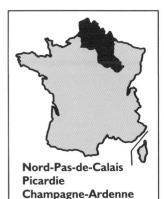

**Nord-Pas-de-Calais
Picardie
Champagne-Ardenne**

Le tunnel sous la Manche a été ouvert en 1994 et on prévoit jusqu'à 10 000 passagers par jour. Ci-dessus : le terminal de Coquelles, près de Calais, où on embarque les camions et les voitures dans les trains-navettes. Il faut 35 minutes pour aller de France en Grande-Bretagne.

Installé sur le carreau de l'ancienne fosse DELLOYE où ont travaillé un millier de personnes produisant 1 000 tonnes de charbon par jour, le Centre Historique Minier de Lewarde, qui a accueilli 168 000 visiteurs l'année dernière, est le plus important musée de la mine en France.

Le visiteur, guidé par d'anciens mineurs, y découvre le travail et la vie des hommes de la mine et pénètre, par une descente simulée, dans les galeries minières où sont reconstitués avec des machines et des matériaux authentiques dix chantiers du fond.

Huit expositions à caractère scientifique ou social complètent la visite. Riche d'environ 10 000 objets, sa collection muséographique se complète d'un fonds de plus de 2 km d'archives minières, autour desquelles se constitue le Centre de Culture Scientifique et Technique de la Mine et de l'Energie dont l'objectif est de rendre accessible à tous les publics la culture minière de notre région.

1 Regardez ces informations sur la visite d'une mine.
   A La mine n'est plus en service. Qu'est-ce qu'elle est devenue ?
   B Qu'est-ce qu'on peut faire pendant la visite ?
❖ Aimeriez-vous visiter la mine ? Pourquoi ?

La forêt et la vigne

La Région Champagne-Ardenne comprend, au nord, la forêt des Ardennes et, au sud, les plateaux crayeux de la Champagne. Au nord, les vieilles industries métallurgiques se trouvent en difficulté, mais l'agriculture est très performante avec l'élevage de bœufs. Dans le sud, les céréales prédominent. La production du champagne est centrée sur Épernay, près de Châlons-sur-Marne, la capitale de la Région.

Les routes nationales et les routes départementales en France sont souvent bordées d'arbres.

La cathédrale gothique de Reims, Notre-Dame, commencée en 1211 et terminée vers la fin du siècle suivant, reflète la richesse de la région au Moyen Âge. À partir de 1137, tous les rois de France sont sacrés dans la cathédrale de Reims.

Le 1500 ème anniversaire du baptême de Clovis Ier, roi des Francs (481–511), dans la cathédrale Notre-Dame, sera célébré en 1996.

L'Etat et la Ville de Reims ont décidé de restaurer le baptistère, situé en sous-sol de la rue Robert de Coucy, ce qui nécessite des fouilles archéologiques.

En outre, les portails de Saint-Callixte et du Jugement Dernier, situés dans cette rue, ont été restaurés par la Direction du Patrimoine de 1984 à 1988. Les effets de la pollution exigent l'interdiction de la circulation automobile.

Pour ces deux raisons, la Ville de Reims a décidé de fermer la rue Robert de Coucy à partir du début des fouilles.

MAIRIE DE Reims Jean FALALA
Député-Maire de Reims

Christian DUPAVILLON
Directeur du Patrimoine

culture MONUMENT HISTORIQUE

 2 Quel événement a eu lieu il y a 1 500 ans sur le site de la cathédrale de Reims ? En quelle année ?

3 Est-ce qu'on va restaurer les portails de la cathédrale en même temps que le baptistère ?

4 Pourquoi est-ce qu'on ne peut plus circuler en voiture dans la rue Robert-de-Coucy ?

Le champagne est produit dans les vignobles les plus au nord de la France. Dans les vignobles de la Champagne, on plante des fleurs à l'extrémité de chaque rangée de vigne. Elles seront les premières à donner des signes de maladie, avant les vignes.

La méthode champenoise de la production du vin date du XVIIe siècle. En 1688, Dom Pérignon, un moine de l'abbaye bénédictine d'Hautvillers près d'Épernay, met au point une fermentation du vin qui le rend mousseux.

Lorraine
Alsace
Bourgogne
Franche-Comté

Une région minière

Les industries principales traditionnelles de la Lorraine sont l'extraction du minerai de fer, du sel et du charbon. Les années quatre-vingt ont vu les industries lourdes perdre plus de 10 000 emplois par an. La plupart des usines de sidérurgie, comme celles de Longwy, ont dû fermer. La Lorraine, avec la Région Nord-Pas-de-Calais, reçoit maintenant plus d'aide financière européenne qu'aucune autre région de France.

L'eau est une autre industrie d'extraction lorraine. L'eau minérale est mise en bouteille et vendue en France et à l'étranger.

La quiche lorraine est une spécialité de la région très connue.

Entre la France et l'Allemagne

L'Alsace est séparée de la Lorraine par les Vosges. Entre le XIe et le XVIIe siècle, aussi bien qu'entre 1871 et 1918 et de 1940 à 1945, c'était un territoire allemand. La langue et la cuisine témoignent de ce mélange de deux cultures. Les Alsaciens parlent l'alsacien, un dialecte germanique, mangent des plats comme la choucroute, mais sont français.

L'investissement étranger dans la région est important. Il est attiré par la position centrale de la région en Europe et par sa main-d'œuvre expérimentée. Strasbourg, la capitale de la Région, est le siège du Parlement européen et un important port fluvial grâce à l'aménagement du Rhin.

L'agriculture de la région est variée. Le tabac, la betterave à sucre et le houblon sont cultivés. La production de vin blanc est importante, ainsi que celle de la bière.

Les maisons à colombages sont traditionnelles en Alsace. Sur le toit de cette maison on voit une cigogne, le symbole de l'Alsace. Les cigognes font souvent leur nid sur les cheminées.

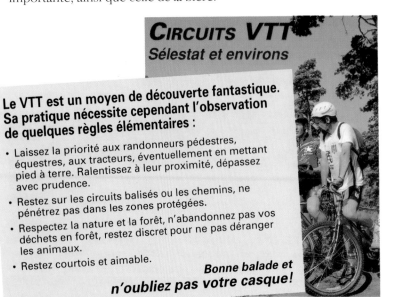

CIRCUITS VTT
Sélestat et environs

Le VTT est un moyen de découverte fantastique. Sa pratique nécessite cependant l'observation de quelques règles élémentaires :

- Laissez la priorité aux randonneurs pédestres, équestres, aux tracteurs, éventuellement en mettant pied à terre. Ralentissez à leur proximité, dépassez avec prudence.
- Restez sur les circuits balisés ou les chemins, ne pénétrez pas dans les zones protégées.
- Respectez la nature et la forêt, n'abandonnez pas vos déchets en forêt, restez discret pour ne pas déranger les animaux.
- Restez courtois et aimable.

Bonne balade et n'oubliez pas votre casque!

sivom   Syndicat Intercommunal à Vocations Multiples des communes de
SELESTAT et ENVIRONS

1 Vous voulez faire une promenade en VTT (vélo tout terrain) en Alsace. Expliquez à vos amis :
   A ...ce qu'il ne faut pas oublier.
   B ...ce qu'il faut faire quand on voit des randonneurs à pied ou à cheval.
   C ...ce qu'il ne faut pas laisser dans la forêt.
   D ...qui et quoi il faut traiter avec respect.

Des provinces historiques

La Bourgogne et la Franche-Comté étaient des anciennes provinces françaises. La Bourgogne est plutôt une région agricole. Dans cette région on produit quelques-uns des vins les plus prestigieux de France. Les petits vignobles qui s'étendent au sud de Dijon regroupent les vins les plus renommés. Le centre de la production viticole de la Bourgogne est la ville de Beaune.

À l'est de la Bourgogne se trouve la Franche-Comté, qui est frontalière avec la Suisse. Besançon est la capitale de la Franche-Comté. Les industries principales, concentrées près de Belfort, sont l'automobile, la métallurgie et la mécanique. Ni ces industries ni l'industrie traditionnelle horlogère du Jura n'ont pu résister à la crise économique et le taux de chômage reste élevé. Plus de 15 000 frontaliers vont travailler en Suisse.

Dijon, la capitale de la Bourgogne, est connue pour sa moutarde et son pain d'épice. Les spécialités régionales sont les escargots de Bourgogne et le bœuf bourguignon (un ragoût fait avec du bœuf, des champignons, des oignons et du vin rouge).

En 1443, Nicolas Rolin fonde l'hôtel-dieu de Beaune pour donner des soins médicaux gratuits aux pauvres. En même temps, il achète des vignobles autour de la ville, et l'argent du vin de ces vignobles est utilisé pour l'hôpital. En 1971, l'Hôtel-Dieu est devenu un musée. Pendant le festival du vin en novembre, le prix du bourgogne est fixé lors des ventes aux enchères qui ont lieu dans les caves de l'Hôtel-Dieu.

Le Jura, qui s'étend sur les deux tiers de la Franche-Comté, est une région forestière. Des touristes viennent y passer leurs vacances d'été et aussi visiter les stations de ski en hiver.

2 Remplissez les blancs dans les phrases suivantes.
   A Le bœuf bourguignon se prépare avec...
   B Le Parlement européen se trouve...
   C Le Jura est...dans la région de la Franche-Comté.
   D La quiche est une spécialité...
   E Des frontaliers passent par...tous les jours, parce qu'ils vont travailler dans un autre pays.

Le Sud-Est

La vallée du Rhône

Rhône-Alpes
Provence-Alpes-Côte d'Azur
Languedoc-Roussillon
Corse

La Région Rhône-Alpes s'étend de la vallée du Rhône à l'est, vers les Alpes. La capitale de cette grande région industrielle est Lyon. Du point de vue économique, la région est bien placée parce qu'elle est proche de la Suisse et de l'Italie et qu'elle se trouve à mi-chemin entre Paris et la Méditerranée.

Ancienne capitale de la Gaule romaine, Lyon est la deuxième agglomération de France. Elle devient le centre de l'industrie de la soie au XVIe siècle. Aujourd'hui, c'est plutôt un centre de production de fibres synthétiques. Les industries chimique, pétrochimique et métallurgique sont aussi importantes. Grenoble, la deuxième ville de la région, est en pleine expansion. Elle a une communauté scientifique de 9 000 personnes.

L'agriculture de la Région Rhône-Alpes fournit les ingrédients d'une cuisine riche et raffinée. Lyon est un des centres gastronomiques de France. Les vins des Côtes-du-Rhône sont renommés ainsi que les fromages comme le bleu de Bresse.

1 Regardez ce panneau. Comment s'appelle l'aéroport de Lyon ?

2 Comment est-ce que les voyageurs peuvent se déplacer quand ils sortent de l'aéroport ?

3 Pourquoi est-ce que Lyon est bien situé en Europe ?

À la montagne

La Savoie, qui était un royaume indépendant jusqu'en 1860, est une région montagneuse qui attire des touristes depuis longtemps. Les stations thermales, comme Évian sur le lac Léman, sont très fréquentées. La Savoie est aussi un centre de sports d'hiver et d'alpinisme. Les Jeux olympiques d'hiver ont eu lieu en France deux fois déjà : à Grenoble en 1966 et à Albertville en 1992.

Les plats traditionnels de la Savoie sont très appréciés par les visiteurs, surtout la fondue savoyarde qui se prépare avec du fromage fondu.

Au pays de la lavande

En Provence, appelé *Provincia* par les Romains, on trouve des traces de la civilisation romaine dans les anciens amphithéâtres et temples romains.

Les paysages de la région sont spectaculaires. À l'est, les Alpes-Maritimes dominent les calanques ou criques rocheuses de la Côte d'Azur. À l'ouest, les villages sont perchés sur les collines au-dessus des gorges profondes. Beaucoup d'artistes, dont Van Gogh, Gauguin et Chagall, ont choisi d'habiter cette région à cause de la qualité de la lumière.

L'industrie comprend la construction navale, l'aéronautique, l'armement et l'industrie chimique, mais le tertiaire est aussi présent, surtout par le tourisme. Depuis presque deux siècles, la Côte d'Azur est une des destinations préférées des touristes. Elle triple sa population en été.

La production de parfums à Grasse date du XVIe siècle. La rose forme la base traditionnelle des parfums. Il faut 500 kilos de roses pour produire un litre d'essence. Les feuilles aromatiques de la lavande cultivée dans la région sont utilisées aussi dans la parfumerie.

Entre mer et montagne

La Région Languedoc-Roussillon se situe entre le Rhône et les Pyrénées-Orientales. Au nord, les hauteurs des Cévennes annoncent le Massif central. Sur la grande plaine qui borde la Méditerranée, on a créé d'importants centres touristiques : La Grande-Motte, le cap d'Agde et Port-Camargue.

L'irrigation a rendu possible le développement d'une culture maraîchère et fruitière : 45 pour cent des pommiers et abricotiers de France s'y trouvent.

On cultive aussi les pêches et les nectarines.

L'économie se base sur la vigne, l'agriculture et l'industrie agroalimentaire, le tourisme et les industries de matériel électronique et électrique et de produits pharmaceutiques. La capitale de la Région, Montpellier, a connu une expansion économique importante et est devenue un centre de l'industrie informatique. Elle est bien connue aussi pour la recherche médicale.

Le climat du massif des Cévennes est chaud en été et froid en hiver. Son paysage se compose de chênes verts et de broussailles.

La forteresse médiévale de Carcassonne a été restaurée au XIXᵉ siècle par l'architecte Eugène Viollet-le-Duc.

L'île de Beauté

La Corse est devenue française en 1768, un an avant la naissance à Ajaccio de Napoléon Bonaparte, empereur des Français entre 1804 et 1815. Des sentiments autonomistes sont toujours fortement enracinés et certains mouvements réclament l'indépendance.

La population de la Corse compte près de 250 000 habitants, mais les Corses ont toujours émigré pour chercher du travail. Île montagneuse de grande beauté, la Corse accueille plus d'un million de visiteurs chaque année, mais les emplois dans le tourisme sont saisonniers.

Dans l'est, sur la plaine d'Aléria, des rapatriés d'Algérie, les « pieds-noirs », cultivent la vigne et les arbres fruitiers.

Ajaccio, la capitale de la Corse, se situe sur la côte ouest de l'île.

4 Vrai ou faux ? Corrigez les phrases fausses.
A La Côte d'Azur est un centre touristique en Corse.
B On fabrique des parfums à Grasse depuis quatre siècles.
C La capitale du Languedoc-Roussillon se trouve dans les Alpes.
D Les Cévennes sont des îles dans la Méditerranée.
E La Corse a environ 250 000 habitants.

Le Sud-Ouest

La Ville rose

La capitale du Midi-Pyrénées est Toulouse, appelée « la Ville rose » à cause de ses bâtiments construits en brique rose. Toulouse est sur la Garonne, le fleuve qui prend sa source dans les Pyrénées espagnoles et qui se jette dans l'océan Atlantique à Bordeaux.

La ville se développe rapidement, mais dans la région l'activité industrielle est plutôt réduite. En agriculture, on cultive la vigne, le tabac, les fruits et les légumes.

Les industries principales de Toulouse sont l'aérospatiale et l'électronique. Ces industries de pointe internationales attirent des chercheurs d'un bon nombre de pays d'Europe.

**Midi-Pyrénées
Aquitaine**

Le passé religieux de la région est turbulent. Au XIIe siècle, l'hérésie cathare se répand dans le Midi de la France, surtout dans la région d'Albi et de Toulouse. Les cathares sont des chrétiens, mais ils ont des idées religieuses non conformes à celles de l'Église catholique. En 1209, le pape Innocent III lance la croisade des albigeois. La guerre contre les hérétiques dure jusqu'en 1244. Ci-dessus on voit les ruines d'un château cathare.

Les Pyrénées ont beaucoup à offrir au randonneur, au skieur et à l'alpiniste. Dans ces montagnes sauvages, certains animaux et oiseaux – comme l'ours, l'isard (chamois des Pyrénées) et le vautour – sont protégés par la loi.

Dans le département de l'Aveyron, à Roquefort-sur-Soulzon, on fabrique un fromage au lait de brebis, le roquefort. Le fromage est mis dans des caves calcaires où il mûrit pendant trois mois. Le roquefort se mangeait à l'époque des Romains et on dit que c'était le fromage favori de Charlemagne.

Près de l'océan

Le climat de la Région Aquitaine, influencé par l'océan Atlantique, connaît des hivers doux et des étés pluvieux. La capitale, Bordeaux, est le septième port de France. Les grands bâtiments et les larges avenues du centre-ville datent du XVIIIe siècle, quand Bordeaux était l'un des premiers ports de France.

L'Aquitaine est une région agricole. Ses cultures principales sont la vigne et le maïs. Trente-neuf pour cent des exportations régionales sont des produits agroalimentaires, surtout des vins de qualité.

La région est sous-développée sur le plan industriel. Des usines fabriquent des boîtes de vitesse pour l'industrie automobile à Bordeaux. Dans le sud de la région, près des Pyrénées, l'industrie pétrolière exploite des gisements de gaz naturel (le gaz de Lacq).

Dans le nord-est, dans le Périgord, on trouve la truffe noire, un champignon qui pousse sous terre, dans les forêts de chênes et de châtaigniers. La truffe est très recherchée car elle donne aux plats une saveur particulière. Elle coûte très cher parce qu'il est difficile de la trouver. On la cherche à l'aide de porcs et de chiens.

La côte est bordée par les Landes, région d'immenses forêts de pins. Les grandes vagues de l'Atlantique s'abattent sur les longues plages sablonneuses. Neuf stations touristiques sont en voie d'aménagement.

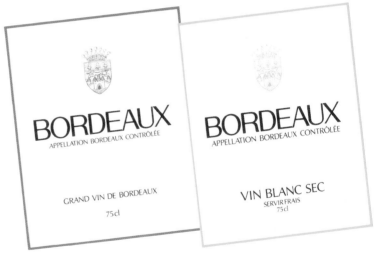

BORDEAUX
APPELLATION BORDEAUX CONTRÔLÉE

GRAND VIN DE BORDEAUX
75 cl

BORDEAUX
APPELLATION BORDEAUX CONTRÔLÉE

VIN BLANC SEC
SERVIR FRAIS
75 cl

La qualité des vins de Bordeaux, de Bourgogne et des autres vins français, est strictement contrôlée. Les meilleurs vins sont d'A.O.C. (appellation d'origine contrôlée).

Le Pays basque se situe sur la frontière de la France et de l'Espagne. Les Basques sont fiers de leur langue (voir page 13) et de leurs traditions. Pendant les fêtes, les hommes portent le béret, le foulard rouge et une chemise blanche.

Authentique
GATEAU
BASQUE
A L'ANCIENNE

◆ Vrai ou faux ? Corrigez les phrases fausses.
A Les Pyrénées se trouvent près de Bordeaux.
B Les Landes sont couvertes de forêts.
C Un vin d'A.O.C. est un très bon vin.
D On appelle Toulouse « la Ville verte ».
E Le roquefort est un fromage de chèvre.
F La Garonne est un fleuve qui traverse Toulouse et Bordeaux.

Le Centre

Une forteresse naturelle

Le Massif central occupe un sixième de l'ensemble du territoire de la France métropolitaine. Au cœur du Massif central se trouvent les régions montagneuses de l'Auvergne et du Limousin. C'est en Auvergne que les Gaulois, conduits par leur chef, Vercingétorix, ont résisté longtemps aux Romains en 52 av. J.-C.

L'industrie agroalimentaire de l'Auvergne se base sur la viande, le fromage et l'eau minérale des sources thermales qui sont nombreuses dans la région. La population de la région est concentrée dans le nord où beaucoup de personnes travaillent dans les usines de pneus de Clermont-Ferrand, la capitale régionale de l'Auvergne. Environ 50 pour cent des salariés employés dans cette industrie travaillent en Auvergne.

Le Limousin s'étend à l'ouest de l'Auvergne. C'est un pays agricole qui se spécialise dans l'élevage des bœufs et des moutons. L'industrie se concentre dans l'ouest autour de Limoges, la capitale de la région, et de Brive.

Auvergne
Limousin
Centre
Poitou-Charentes

Les volcans éteints de l'Auvergne dominent les hauts du Mont-Dore, à l'ouest de Clermont-Ferrand.

Des bœufs de race limousine

La porcelaine de Limoges est connue dans le monde entier. La moitié de la production de porcelaine française se fait à Limoges. La production industrielle de la porcelaine dans la ville date de 1768.

◆ Vrai ou faux ? Corrigez les phrases fausses.

A L'Auvergne se situe à l'est du Limousin.
B Le Massif central traverse le Val de Loire.
C Les pneus sont fabriqués à Clermont-Ferrand.
D Les châteaux de la Loire ont été construits au VIIe siècle.
E L'océan Atlantique se trouve à l'ouest de la région Poitou-Charentes.
F La côte du Poitou-Charentes est rocheuse.

Au cœur de la France

La région centrale de la France s'appelle tout simplement le Centre. Elle se trouve entre le Massif central et la capitale de la France, Paris. La région est divisée en deux par la grande courbe de la Loire qui traverse les villes d'Orléans, la capitale régionale, et Tours.

Les efforts pour décentraliser l'industrie en France ont favorisé le nord de la Région Centre, autour des villes de Chartres et d'Orléans. Le Centre est aussi le premier producteur de blé de l'Union européenne.

Les céréales et la betterave à sucre sont cultivées dans la grande plaine de la Beauce qui s'étend autour de Chartres.

La Touraine est le pays qui entoure de la ville de Tours dans le Val de Loire. Le climat doux et ensoleillé du Val de Loire, « le jardin de la France », facilite des cultures spécialisées : la vigne, les légumes, les fruits et les fleurs. La moitié de la production française de champignons blancs est cultivée dans les caves le long du fleuve. Le Val de Loire est connu pour sa charcuterie, le poisson et le vin, surtout le vin blanc.

En Poitou-Charentes

À l'ouest du Centre et du Limousin se trouve la Région Poitou-Charentes. La capitale du Poitou-Charentes est Poitiers, une ville de 82 507 habitants.

La côte sablonneuse est une destination touristique importante dans une région qui accueille des millions de visiteurs. Le port principal est La Rochelle, un port de pêche et de plaisance.

La région est aussi connue pour le cognac, qui est produit autour de la ville qui porte ce nom. Sur le plan industriel, les industries traditionnelles comme les chantiers navals et les usines de chaussures connaissent des difficultés.

Près de Poitiers, le Futuroscope est un parc d'attractions consacré à l'image. La plus récente technologie est utilisée pour créer de nouvelles façons de voir les films. Dans une salle de cinéma, le film est projeté tout autour des spectateurs. Au « Cinéautomate » le spectateur, tout en regardant un film, peut changer l'histoire, de son fauteuil, à l'aide d'une touche électronique.

Les DOM-TOM

Nom	Population	Capitale
Départements d'outre-mer		
Guadeloupe	422 000	Pointe-à-Pitre
Martinique	381 000	Fort-de-France
Guyane	157 000	Cayenne
Réunion	705 000	Saint-Denis
Territoires d'outre-mer		
Nouvelle-Calédonie	197 000	Nouméa
Polynésie française	219 000	Papeete
Wallis-et-Futuna	14 000	Mata-Utu
Collectivités territoriales		
Mayotte	131 000	Dzaoudi
St-Pierre-et-Miquelon	6 600	Saint-Pierre
Terres australes et antarctiques		

Outre-mer, il y a quatre départements, trois territoires et trois collectivités territoriales. Les départements d'outre-mer (DOM) sont considérés comme des régions françaises. La Guyane, sur le continent sud-américain, est la plus grande région française et la moins peuplée. Les territoires d'outre-mer (TOM) et les collectivités territoriales ont des statuts différents.

Bien que dispersés les uns par rapport aux autres, les DOM ont des points communs. En général, ils importent des matières premières et des biens de consommation et exportent des poissons et des produits agricoles comme les bananes, les ananas, les fleurs et la canne à sucre. Le gouvernement français envoie des fonds de Paris pour compenser les déficits des balances commerciales des DOM.

La population des DOM est nombreuse : le taux de naissances est élevé, et maintenant moins de gens vont en France. Entre 35 et 50 pour cent des habitants ont moins de 25 ans. Le taux de chômage est important, parce que beaucoup de gens ont quitté leur village pour chercher du travail dans les villes.

Le tourisme est bien établi dans les Antilles, et l'île de la Réunion (ci-dessus), dans l'océan Indien, reçoit de plus en plus de touristes : environ 180 000 visiteurs par an. Les océans autour des DOM-TOM offrent aussi un riche potentiel d'exploitation, par exemple des minerais dans le Pacifique et des poissons dans les eaux antarctiques.

◆ Avec un(e) partenaire, faites une petite devinette. À tour de rôle, chaque personne choisit un DOM et en fait une description. Le partenaire devine le nom du DOM.
Exemple :
– *C'est un DOM en Amérique du Sud avec une population de 115 000 habitants. La capitale est Cayenne.*
– *C'est la Guyane.*

Aux Antilles, les îles de la Martinique (ci-dessus) et de la Guadeloupe font partie des départements d'outre-mer. Comme les autres habitants des DOM, les Martiniquais et les Guadeloupéens élisent des députés qui les représentent à l'Assemblée nationale à Paris.

Livret de travail

Les Français

Ⓐ Vous êtes d'où ?

Moi, j'aime bien les Parisiens.

Le nom de chaque ville en France a un adjectif correspondant. Par exemple, les habitants de Paris sont les Parisiens et ceux de Lyon, les Lyonnais. Parfois, c'est moins évident ! Les habitants de Fontainebleau sont les Bellifontains ! Devinez d'où viennent :

1 les Stéphanois
2 les Bordelais
3 les Palois
4 les Bisontins
5 les Limougeauds
6 les Manceaux

Ville	Les habitants sont
Saint-Étienne	
Besançon	
Bordeaux	
Le Mans	
Pau	
Limoges	

Ⓑ Des familles d'un peu partout

Regardez les renseignements sur cinq familles et répondez aux questions. Qui...

1 ...est d'origine espagnole ? _____ Les Paillac

2 ...vient de Pau ? _____ Les Vacher

3 ...habite une très grande ville depuis dix ans ? _____ Les Bhin

4 ...est d'origine nîmoise ? _____ Les Lamartin

5 ...vient de la Martinique ? _____ Les Edelmann

Les cinq familles

Les Vacher
Parisien d'origine, François Vacher habite à Confolens. Sandrine Vacher est paloise.

Les Bhin
Né au Cambodge, Ho Bhin habite à Lyon depuis dix ans. Sa femme, Liliane, est lyonnaise.

Les Paillac
Maria Paillac est espagnole de naissance et française d'adoption. Son mari, Frank, est bordelais. Leurs enfants sont bilingues.

Les Lamartin
Les Lamartin sont méridionaux. Marie Lamartin vient de Nice et son mari, Pierre, est originaire de Nîmes.

Les Edelmann
Claudine Edelmann est de la Martinique. Elle habite à Mulhouse. Son mari, Bruno, est d'origine allemande.

1 Écoutez ces gens qui parlent de la ville où ils habitent et de leur ville d'origine. Où habitent-ils ? Quelle est leur ville d'origine ? Cochez la bonne réponse sur la grille.

Nom de la personne		Clermont-Ferrand	Rouen	Ruynes-en-Margeride	Lyon	Besançon	Montembœuf	Caen
Jean Leconte	habite à						✓	
	est né à						✓	
Sylvie Meindre	habite à			✓				
	est née à	✓						
François Meindre	habite à				✓			
	est né à			✓				
Nouria Hamoun	habite à					✓		
	est née à				✓			

2 Regardez les renseignements sur la grille. Écrivez une phrase sur chaque personne.
Exemple :
Jean Leconte est né à Montembœuf et habite toujours à Montembœuf.

A Sylvie Meindre _____

_____

B _____

_____

C _____

_____

3 Écoutez la cassette encore une fois. Faites une liste des questions utilisées pour demander à quelqu'un…
A son nom. *Comment vous appellez vous ? Comment est votre nom ?*
B où il habite. *Vous habitez ki ? Vous habitez où ?*
C où il est né. *Vous et né à …*

D Faites une interview

Inventez une identité, dans votre propre pays ou en France. Choisissez un prénom et un nom de famille. Décidez où vous êtes né(e) et où vous habitez maintenant. Votre partenaire vous pose des questions sur votre identité inventée et note les réponses. Après, c'est à vous d'interviewer votre partenaire.

En famille

Ⓐ Petites annonces

Les personnes qui essaient de trouver un(e) partenaire font parfois publier des petites annonces. En les lisant, il faut bien comprendre les abréviations.

Lisez les deux petites annonces et trouvez un(e) partenaire pour le jeune homme et la jeune femme qui ont mis les deux annonces.

> **Ch. jeune f. sér., 20-25, rég. paris., 1m65 – 1m80, sports, théâtre, ciné, non-fum., pour amitié sincère.**

> **Ch. j.h. sér., moins de 30, rég. rouen., large d'esp., sports d'hiv., marche à p., envoyer photo.**

Des partenaires possibles :

1 « *Moi, je suis blonde aux yeux bleus. Je m'appelle Marion et j'ai 25 ans, et j'habite Paris. Je mesure 1m78. J'aime la musique classique et le théâtre. Je suis amateur de marche à pied et de cyclisme. Je déteste le tabac.* »

2 « *Je m'appelle Denis. J'ai 28 ans. Je suis grand (1m90) et sportif. J'aime particulièrement les sports d'hiver, la planche à voile et la marche à pied. Je suis parisien.* »

3 « *Je m'appelle Hélène. J'ai vingt-huit ans et j'habite la région parisienne. Je mesure 1m78. Je suis sérieuse mais j'aime bien sortir (théâtre, cinéma) et je suis assez sportive. Je ne fume pas.* »

4 « *Je m'appelle Éric et j'ai vingt-quatre ans. J'habite Barentin, près de Rouen. Je mesure 1m80. Optimiste et large d'esprit, j'adore tous les sports – ski, football, marche à pied.* »

Ⓑ Un mariage

> ### Mariages
>
> #### Florence et René
> ont décidé d'unir leurs destinées, le samedi 15 mai.
> A l'occasion de cette journée exceptionnelle, ils souhaitent partager leur bonheur avec tous leurs proches et amis lors de la cérémonie religieuse qui aura lieu à 15h en l'église Saint-Martin de Foucarmont, et du vin d'honneur qui suivra. Cette annonce tient lieu de faire-part.
> Mme Marie LEROUX
> M. et Mme Jean LEROUX
> M. et Mme Yves MORISSE

1 Lisez l'annonce et répondez aux questions.

A Qui sont Florence et René ?

_____

_____

B Cette annonce invite les amis et les familles à assister à un événement : lequel ?

_____

C D'après vous, qui sont Monsieur et Madame Leroux et les autres personnes mentionnées à la fin de l'annonce ?

_____

_____

2 Avant de se marier à l'église en France, il faut aller d'abord dans un autre endroit. Où faut-il aller ?

_____

_____

C Vous ou tu ?

Jacques Levasseur a 24 ans. Il est marié et a un fils de quatre ans. Il est assez réservé avec ses beaux-parents. Décidez qui sont les personnes qu'il tutoie ou vouvoie parmi les gens qu'il connaît.
Exemple :
Il dit à son petit frère de se taire.
Il dit « Tais-toi. »

1 Il invite sa mère à prendre un bonbon.
   Il dit « _____ »

2 Il invite sa belle-mère à prendre un gâteau.
   Il dit « _____ »

3 Il demande à sa femme de couper du pain.
   Il dit « _____ »

4 Il dit à son grand ami Jeannot d'écouter.
   Il dit « _____ »

5 Il dit à son fils de faire attention.
   Il dit « _____ »

6 Il prie Monsieur Duneton, son patron, de s'asseoir.
   Il dit « _____ »

7 Il dit à sa petite sœur d'ouvrir la fenêtre.
   Il dit « _____ »

8 Il invite Madame le maire à prendre un verre de champagne.
   Il dit « _____ »

D Mon frère se marie !

Grégoire, Myriam et Paul sont au club des jeunes. Ils parlent d'un mariage. Écoutez la cassette et remplissez les trous dans le texte.

Le frère de _____ va se marier. Sa fiancée s'appelle _____.

Ils sont jeunes : Philippe a _____ et sa fiancée, _____.

Le jeune couple va se marier d'abord _____, ensuite _____,

Après, il y aura un _____ au restaurant *La Mandarine*. Le gâteau sera _____

_____. Après le repas, les invités feront le tour de la ville en voiture, en

_____. Le jeune couple va partir passer sa lune de miel _____

_____.

E C'était la fête de . . .

Choisissez une photo prise lors d'une fête de famille ou une autre fête. Écrivez une légende pour dire :

A quelle était l'occasion de la fête.
B qui sont les personnes sur la photo.
C où la fête a eu lieu.
D ce qui s'est passé.

Le jour de l'anniversaire de mon petit frère, Gilles, nous sommes allés à la plage avec tous ses amis. Sur la photo on voit Gilles en train de régler son siège. Deux secondes après il est tombé à l'eau !

Au travail

❷ Qu'est-ce vous faites dans votre travail ?

Mettez chaque emploi avec la description correspondante.

1 Le facteur _____
2 L'instituteur/L' institutrice _____
3 Le charcutier-traiteur _____
4 Le caissier/La caissière _____
5 Le boulanger _____
6 Le fleuriste _____
7 L'avocat _____
8 Le vendeur/La vendeuse _____
9 Le garçon de café/La serveuse _____

A ...vend des fleurs et fait des bouquets.
B ... travaille dans une école primaire.
C ...fait le service dans un café ou un restaurant.
D ...prépare des saucissons et des plats cuisinés.
E ...fabrique le pain.
F ...livre le courrier.
G ...encaisse l'argent des clients dans un magasin ou un restaurant.
H ...travaille au palais de justice.
I ...vend dans un magasin.

❸ Des offres d'emploi

Restaurant
Le Moulin à Trappes
recherche
**COMMIS DE CUISINE et
SERVEUR(SE)**
Tél: 94 30 53 15

La Cuisine Bourgeoise
64 bd de la Reine
78000 Versailles
recherche
JEUNE CUISINIER
Se présenter le matin

Recherche
SERVEUSE,
réf. exigées, place stable.
4h par jour. Se présenter
Tabac La Paix, 89 rue de
Clusaz,
78119 Le Vésinet.

Rech.
JEUNE BOUCHER. CAP, libre
dimanche, lundi. Vélizy. Tél:
39.54.12.72

Charcuterie recherche
**OUVRIER QUALIFIÉ.
Lib. O.M.**
Tél: 30.23.17.84 Maurepas.

Recherche
CHEF BOUCHER
pour BOUGIVAL. Tél:
39.94.20.63.

Regardez les offres d'emploi. Est-ce qu'il y a une annonce qui convient à chacune des quatre personnes qui cherchent du travail ?

A « Moi, j'ai un CAP boucherie mais pour l'instant je suis au chômage. J'ai vingt ans. »
Marc

Annonce pour _____

B « Moi, j'ai fait pas mal de choses. J'ai été vendeuse chez une fleuriste, j'ai été caissière pendant cinq ans dans un hypermarché. J'ai deux enfants maintenant, alors peut-être un travail à temps partiel fera l'affaire. »
Marie

Annonce pour _____

C « Moi, je cherche une place comme garçon de café. J'ai déjà travaillé dans un restaurant du centre-ville. En ce moment, je suis au chômage. »
Éric

Annonce pour _____

D « Moi, j'ai une formation de charcutier, mais pour l'instant, je n'ai pas de travail. Je ne veux pas déménager. »
Véronique

Annonce pour _____

C Choisir un emploi

1 Qu'est-ce vous recherchez dans un emploi ? Écrivez un numéro de 1 à 5 à côté de chaque aspect du travail pour montrer ce que vous aimeriez trouver dans un emploi.
(**1** = très important **2** = important
3 = assez important **4** = peu important
5 = sans importance)

J'aimerais...			
travailler en plein air		travailler en équipe	
travailler tout(e) seul(e)		être bien payé(e)	
travailler à l'intérieur		être libre le week-end	
travailler dans le commerce		travailler dans l'industrie	
être utile aux autres		ne pas me salir	
avoir la possibilité de voyager		être le patron	

D La vie quotidienne

Écoutez les trois personnes qui parlent de leur journée de travail. Complétez la grille.

Nom	Emploi	Commence à	Finit à
Martin			
Isabelle			
Christian		Le matin :	
		L'après-midi :	

E J'aime bien mon travail

Imaginez que vous êtes l'une des personnes suivantes.
Parlez de votre travail.
1 Un facteur qui aime bien son travail.
2 Un avocat qui aime bien son travail.
3 Un caissier/Une caissière qui n'aime pas son travail.
4 Une secrétaire qui n'aime pas son travail.
Exemple :
Je suis fleuriste. J'aime bien mon travail. Je travaille dans un magasin et je rencontre beaucoup de gens. Quand je fais les bouquets, je travaille tout seul. Ça me fait plaisir de créer quelque chose avec les fleurs.

F Moi, je voudrais devenir...

Expliquez à un(e) partenaire l'emploi que vous aimeriez avoir et pourquoi.

Bon appétit !

Ⓐ Un menu de restaurant

1 Classez les produits alimentaires selon les catégories que l'on trouve sur un menu de restaurant.

Viandes	Volailles	Poissons	Fruits de mer	Légumes	Fruits

pomme
truite
framboises
lapin
poulet
épinards
canard
chou-fleur
huîtres
sole
petits pois
agneau
moules
banane
pommes de terre
bifteck

2 Ajoutez le nom d'une viande, d'une volaille, d'un poisson, d'un fruit et d'un légume que vous aimez manger ou qui est populaire dans votre propre pays.

3 Demandez à un(e) partenaire ce qu'il/elle préfère manger comme viande, volaille, etc., et ce qu'il/elle aime ou n'aime pas.

Ⓑ Je prends le menu à . . .

1 Voici trois menus à prix fixe. L'ordre des plats dans chaque menu a été changé. Mettez les plats en ordre.

Crème caramel ou fruit ☐
Camembert ☐
Salade de tomates ☐
Bifteck frites ☐

Ⓐ

Brie ☐
Mousse au chocolat ☐
Ragoût ☐
Salade composée ☐

Ⓑ

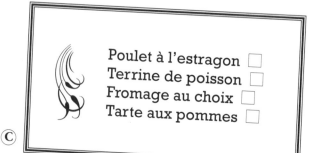

Poulet à l'estragon ☐
Terrine de poisson ☐
Fromage au choix ☐
Tarte aux pommes ☐

Ⓒ

2 Quel menu préférez-vous ? Expliquez pourquoi.

C C'est délicieux !

Édouard a invité des amis à une soirée. Sa sœur, Claire, lui explique comment faire un dessert qui est très populaire en France. Écoutez la cassette et identifiez les six opérations qu'elle décrit. Numérotez les images de 1 à 6.

Pour vous aider, voici les ingrédients du dessert :
• 100 grammes de chocolat
• six œufs • une orange

C'est la recette d'un/d'une _____

 ## **D** Au restaurant

1 Écoutez les conversations au restaurant et remplissez les blancs.

A

Caveau de la Marcellière

Réservation

Nom : _____

Nombre de personnes: _____

Heure : _____

Jour : _____

B

Restaurant Au Bon Coin

Menu à _____ francs

Entrée: _____

Plat: _____

Légumes: _____

2 Écoutez les conversations encore une fois. Lesquelles de ces expressions entendez-vous ? Cochez la phrase que vous entendez.

A Monsieur Blanc :
« On sera quatre. » ☐
« On se rencontre où ? » ☐
« On sera quatorze. » ☐

B La touriste :
« Et qu'est-ce que vous proposez comme légumes ? » ☐
« Qu'est-ce qu'il y a comme légumes ? » ☐

C La touriste :
« Je prends les sardines grillées. » ☐
« Je prendrai les sardines grillées. » ☐
« Les sardines grillées pour moi. » ☐

E Qu'est-ce que vous voulez manger ?

Avec un(e) partenaire, faites un dialogue. Vous voulez aller manger au restaurant.
Vous êtes le client/la cliente et votre partenaire travaille au restaurant.
A Téléphonez pour réserver une table, en précisant le jour, l'heure et le nombre de personnes. N'oubliez pas de donner votre nom.
B Une fois arrivé au restaurant, choisissez une entrée, un plat, des légumes et un dessert du menu.

Faire des courses

Ⓐ Qu'est-ce qu'il vous faut ?

Ces personnes vont faire des courses. Expliquez à
chacune d'elles dans quel magasin il faut aller.

① *Il me faut de l'aspirine.*

② *Il me faut du pain.*

③ *Il me faut un plat cuisiné
pour ce soir – de la
choucroute peut-être.*

④ *Il me faut des timbres.*

⑤ *Il me faut du vinaigre.*

1 Pour avoir de l'aspirine, il faut _____

2 _____

3 _____

4 _____

5 _____

Ⓑ Ce n'est pas cher !

C'est le jour du marché à La
Rochelle. Écoutez la cassette et
cochez les achats qui sont
mentionnés. Écrivez la quantité
achetée et combien on a payé.

Exemples :
Camembert entier / une pièce /
11 francs.
Pommes / un kilo / 6F 50

Achat	Mentionné ?	Quantité achetée ?	Combien ?
Jambon blanc	☐		
Jambon de montagne	☐		
Boudin blanc	☐		
Boudin noir	☐		
Saucisson sec	☐		
Fromage de chèvre	☐		
Melons	☐		
Cerises	☐		
Oranges	☐		

C Faites vos achats !

Avec un(e) partenaire faites un dialogue. Choisissez trois achats dans la liste de l'exercice B. Décidez de la quantité de chaque achat que vous faites.

Votre partenaire vous pose des questions pour savoir quels achats vous avez faits et les quantités achetées.

Exemple :
– *Tu as acheté des melons ?*
– *Oui.*
– *Tu en as acheté combien ?*
– *Deux.*

D Une monnaie pour l'Europe

L'euro est la monnaie unique de l'Union économique et monétaire européene, adoptée par 11 États membres à partir du 1er janvier 1999. Ces pays sont : l'Allemagne, l'Autriche, la Belgique, l'Espagne, la Finlande, la France, l'Irlande, l'Italie, le Luxembourg, les Pays-Bas et le Portugal. Des gens donnent leur point de vue sur l'euro, mis en circulation le 1er janvier 2002. Lisez ce qu'ils disent et décidez qui est « pour », « contre » ou « ni pour ni contre ».

« On dit que l'avènement de l'euro est le pas le plus important dans l'intégration de l'Europe. À mon avis, l'euro est une menace pour la diversité culturelle dans l'Union européenne. En un mot, le franc est un symbole de la France ; et, en perdant le franc, nous allons perdre une partie de notre patrimoine historique. »

Henri Morlet

« Moi et mes amis, on est tout à fait pour parce-qu'on se déplace beaucoup dans la zone euro. Dès l'introduction de l'euro, on ne sera plus obligé de changer de l'argent avant de partir en voyage. Il sera plus facile de comparer les prix : plus besoin de faire des calculs, puis les prix seront en euros. C'est très pratique ! »

Jeanne Tilleul

« Il est vrai que l'euro rendra service à beaucoup de gens. Par exemple, les billets et pièces auront des caractéristiques spécifiques qui permettront aux aveugles et aux malvoyants de les distinguer. Mais, je crois qu'un grand nombre de personnes âgées auront plus de difficultés à s'adapter à la nouvelle monnaie et surtout à apprendre sa valeur. »

Madeleine Durand

Nom	Pour	Contre	Ni pour ni contre	Opinion
Henri Morlet				
Jeanne Tilleul				
Madeleine Durand				

Faites comme chez vous !

Ⓐ Trouver un logement

Si vous cherchez un appartement ou une maison à louer, il faut savoir lire
les abréviations dans les petites annonces. Remplissez les blancs pour
donner la version complète de ces deux annonces.
Exemples :
Ch. cent. = chauffage central
S/jard. = sur jardin

① **Marly-le-Roi**
À louer : App. avec vue sur port. 2 ch.,
s. de séj., s. à man., cuis., s. de b. avec
baign., ch. cent. partiel au g., parking

② **Versailles, av. de Paris**
À louer : studio, sdb, cuis. équip.,
balc. s/jard., cave, park.

Marly-le-Roi

À louer : App _____ avec vue sur port.

2 ch _____, s _____ de séj _____, s_____ à man _____,

cuis _____, s _____ de b _____ avec baign _____,

ch _____ cent ____ partiel au g _____, parking

Versailles, av _____ de Paris.

À louer : studio, s _____ de b _____,

cuis _____ équip ____ , balc _____ s ____

jardin, cave, park _____ .

Ⓑ Ce serait vraiment bien si . . .

Monique et Christophe cherchent un appartement et discutent de leurs préférences.
Remplissez les blancs dans le dialogue.
Exemples :
Monique : Si nous avions une baignoire, je pourrais me décontracter en prenant un bain.
Christophe : Mais si on avait une douche, ça coûterait moins cher.

Monique : Si j'_____ un balcon, j'y _____ des pots de fleurs.

Christophe : Oui, et s'il y _____ un balcon, on _____ prendre le petit
déjeuner là le week-end.

Monique : S'il y _____ un garage, je _____ mettre ma mobylette à l'abri.

Christophe : Et oui, s'il y _____ un sous-sol, on _____ mettre la machine à laver là.

Monique : Si nous _____ près du travail, nous _____ y aller à pied.

Christophe : Ou bien, si nous _____ tout près d'une station de métro, ça nous
_____ peu de temps.

Monique : Et ça _____ pas cher !

habiter
coûter
avoir
prendre
mettre
pouvoir
être

📼 Ⓒ Tu as déménagé, alors ?

Ces trois personnes ont déménagé
récemment. Dans quelle sorte de
logement habitent-elles maintenant ?
Et avant ? Quand est-ce qu'elles ont
déménagé ? Écoutez les
conversations et complétez la grille.

Nom	habitait	habite	a déménagé quand ?
Francis			
Georges			
Sylvie			

D À vous de rêver !

1 Si vous aviez le choix, quelles seraient vos préférences pour la maison ou l'appartement que vous habitez ? Cochez cinq préférences sur la liste.

J'aimerais...	
habiter un quartier calme	
avoir une cave	
avoir une chambre à moi	
habiter près de mon lieu de travail	
avoir un jardin	
posséder un four à micro-ondes	
avoir une chaîne hi-fi	
avoir un balcon	
avoir un lave-vaisselle	

2 Expliquez vos préférences.
Exemple :
J'aimerais habiter un quartier calme parce que...

1 _____
_____

2 _____
_____

3 _____
_____

4 _____
_____

5 _____
_____

3 Avec un(e) partenaire, comparez vos listes. Avez-vous choisi les mêmes choses ? Justifiez vos choix.

E Le nouvel appartement

Michel montre son nouvel appartement à son ami André. Écoutez la conversation entre les deux amis. Est-ce que Michel a trouvé l'appartement idéal ? Si Michel n'a pas trouvé ce qu'il voulait, notez ce qu'il y a dans l'appartement.

Michel voulait	Il l'a trouvé ?	Ce qu'il y a dans l'appartement
Une vue sur le port	Oui/Non	
Une cuisine bien équipée	Oui/Non	
Une salle de bains avec baignoire	Oui/Non	
Trois chambres à coucher	Oui/Non	
Le chauffage central	Oui/Non	
Un garage	Oui/Non	
Un beau décor	Oui/Non	

F Écrivez une lettre

Écrivez une lettre à un(e) correspondant(e) pour lui décrire l'appartement ou la maison que vous habitez.

Ⓐ L'emploi du temps de Marie-Ève

1 Marie-Ève a 15 ans et elle est en troisième. Regardez son emploi du temps,
et répondez aux questions à la place de Marie-Ève.

	Lundi	Mardi	Mercredi	Jeudi	Vendredi	Samedi
8H - 9H	Allemand	Géographie		FRS	Sciences Naturelles	Latin (option)
9H - 10H	FRS / Ⓐ Ⓑ E-C*	Mathématiques			Étude	Mathématiques
10H - 11H	Mathématiques	Technologie		Latin (option)	Mathématiques.	Sciences Physiques
11H - 12H	FRS	Étude		Étude	Anglais	Anglais
12H - 13H30	REPAS *	REPAS		REPAS	REPAS	
13H30 - 14H30	Étude / SPORT	Allemand		Sciences Physiques	Allemand	
14H30 - 15H30	SPORT	Anglais		Latin (option)	Musique	
15H30 - 16H30	Histoire	FRS		Histoire	SPORT	
16H30 - 17H30	Dessin					

- En étude, les élèves travaillent sans professeur, mais ils sont surveillés.
- FRS = français
- E.C. = études civiques

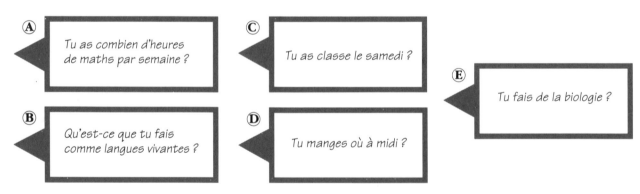

Ⓐ Tu as combien d'heures de maths par semaine ?

Ⓒ Tu as classe le samedi ?

Ⓔ Tu fais de la biologie ?

Ⓑ Qu'est-ce que tu fais comme langues vivantes ?

Ⓓ Tu manges où à midi ?

2 Comparez l'emploi du temps de Marie-Ève au vôtre et répondez aux questions suivantes.

  A Vous faites plus ou moins d'heures par jour ?
  _____
  _____
  _____

  B Vous étudiez les mêmes matières ? Notez les différences.
  _____
  _____
  _____

  C Vous allez au collège/au lycée les mêmes jours de la semaine ?
  _____
  _____

  D Vous avez des heures en étude ?
  _____
  _____

  E Vous avez plus ou moins d'heures de sport que Marie-Ève ?
  _____
  _____

B Ça marche bien le lycée ?

Lisez l'extrait de la lettre que Grégoire écrit à sa cousine, Martine. Décidez si les phrases qui suivent l'extrait sont vraies ou fausses. Corrigez les phrases fausses.

> Tu me demandes si ça marche bien au lycée. C'est comme ci comme ça. J'ai de nouveaux profs en histoire-géo et en allemand, et ils sont meilleurs que ceux que j'avais l'année dernière. Le prof d'allemand parle vraiment bien la langue, mais il n'est pas difficile à suivre. J'ai eu jusqu'ici des notes de quinze et de seize, alors, tu vois !
> J'ai des problèmes en maths. Je fais bien des efforts, mais je n'ai que des six, des sept et des huit... Mes copains ont les mêmes problèmes que moi. En sciences nat., ma matière préférée l'année dernière, je m'ennuie cette année : les sujets sont sans intérêt...

1 Grégoire trouve les maths difficiles.

Vrai/faux _____

_____

2 Il a de mauvaises notes en allemand cette année.

Vrai/faux _____

_____

3 Selon Grégoire, il est difficile de comprendre le professeur d'allemand quand il parle.

Vrai/faux _____

_____

4 Les amis de Grégoire ont des problèmes en maths cette année.

Vrai/faux _____

_____

5 Le problème avec les sciences naturelles, cette année, c'est que Grégoire les trouvent ennuyeuses.

Vrai/faux _____

_____

C Apprendre une langue étrangère

1 Écoutez les gens parler des langues étrangères qu'ils connaissent ou sont en train d'apprendre. Complétez la grille, et écrivez ce qu'ils disent sur leurs progrès.

Nom	La langue qu'il/elle apprend	Motif pour apprendre la langue	La méthode pour apprendre la langue	Les progrès qu'il/qu'elle fait
Christine	Anglais ☐ Espagnol ☐ Allemand ☐	Pour le travail ☐ Pour le plaisir ☐	Cours du soir ☐ Études universitaires ☐ Tout(e) seul(e) ☐	
Henri	Anglais ☐ Espagnol ☐ Allemand ☐	Pour le travail ☐ Pour le plaisir ☐	Cours du soir ☐ Études universitaires ☐ Tout(e) seul(e) ☐	
Jeanine	Anglais ☐ Espagnol ☐ Allemand ☐	Pour le travail ☐ Pour le plaisir ☐	Cours du soir ☐ Études universitaires ☐ Tout(e) seul(e) ☐	
Georges	Anglais ☐ Espagnol ☐ Allemand ☐	Pour le travail ☐ Pour le plaisir ☐	Cours du soir ☐ Études universitaires ☐ Tout(e) seul(e) ☐	

2 Écrivez un paragraphe pour parler de vos expériences de l'apprentissage d'une langue étrangère. Quelle(s) langue(s) apprenez-vous ? Depuis quand ? Dans quel but ? Vous faites des progrès ?

Amusez-vous bien !

A On va où?

1 Ces jeunes gens vont sortir ce soir. Écoutez les conversations. Qu'est-ce qu'ils vont faire ?
Où vont-ils se rencontrer et à quelle heure ? Notez les informations sur la grille.

Noms	Ils vont...	Rendez-vous à . . .
Frédéric et Alain		
Sylvie et Marianne		
Patrick et Sonia		
Annick et Georges		

2 Écoutez la cassette encore une fois et notez trois façons de proposer une activité.

A _____

B _____

C _____

B C'est une émission intéressante ?

12.45 Journal

•13.00 Tennis.
•13.55 Télétennis.
Jeu interactif animé par André Garcia.
•14.05 La croisière s'amuse. Série américaine.
•14.55 Tennis.
Flash info (et à 15.55, 17.35 et 18.20).
•15.05 La croisière s'amuse.
•16.05 La fièvre de l'après-midi.
Invité : Gérard Rinaldi.
•17.45 Une pêche d'enfer.
En direct des Saintes-Maries-de-la-Mer.
•18.25 Questions pour un champion. Jeu.

•18.50 Un livre, un jour.
« Œuvres complètes d'Antoine de Saint-Exupéry ».

19.00 Le 19-20 de l'info

19.10 Actualités régionales. 19.35 Le 19-20 (suite). 19.55 L'actualité régionale en images.
•20.05 Côté court.
« Le journal de Roland-Garros, en direct ».
•20.30 Tout le sport.

20.50 Questions pour un champion

Présentation: Julien Lepers. « Spécial questions pour un champion : finale des masters juniors ».
Du mercredi 11 mai au samedi 21 mai, « Questions pour un champion » a fait le tour de dix villes en France. C'était au tour des lycéens et des collégiens de participer à l'émission. Ils étaient au départ quarante lycéens. Ce soir il en reste dix, qui viennent de Bordeaux, Lyon, Caen, Lille, Toulouse, Nantes, Marseille, Limoges, Strasbourg et Paris. Le gagnant de ce soir aura un scooter et le trophée, la Vénus au livre, le finaliste un ordinateur et une banque de données Larousse.

22.10 Journal

1 Choisissez une/des émission(s) pour :

A quelqu'un qui adore le tennis et qui est libre l'après-midi.

_____

_____

B un employé qui s'intéresse à l'actualité et qui rentre du travail à six heures et demie.

_____

_____

C Le frère d'une lycéenne qui participe à la finale d'un jeu.

_____

_____

2 Est-ce que vous aimeriez bien voir une de ces émissions ? Laquelle ? Expliquez pourquoi.

_____

_____

_____

C Se renseigner

Ces gens veulent se renseigner sur leur activité préférée dans la région où ils habitent. À quelle association s'adresse chaque personne ? Notez aussi sur la grille le niveau de chaque personne. Est-elle débutante ou veut-elle se perfectionner ?

1 Hélène s'intéresse aux échecs : elle en fait depuis trois mois.
2 Christophe adore la peinture ; il en fait depuis quatre ans.
3 Michel s'intéresse aux oiseaux ; il va observer des oiseaux depuis deux mois.
4 Louise est une bonne musicienne : elle joue de la flûte depuis l'âge de huit ans.

Soyez actifs !
CLUB DES ARTS ET LOISIRS
CLUB D'ÉCHECS
CENTRE MUSICAL
CROIX ROUGE FRANÇAISE
INSTITUT GB (COURS D'ANGLAIS POUR DÉBUTANTS)
LIGUE FRANÇAISE POUR LA PROTECTION DES OISEAUX

Nom	Activité	Association	Niveau
Hélène			
Christophe			
Michel			
Louise			

D Cours de vacances

1 Lisez la lettre qu'écrit Xavier pour avoir des renseignements sur les cours de photographie. Répondez aux questions.

   A Est-ce que Xavier sait déjà faire de la photographie ? _____

   B Est-ce qu'il a un appareil photographique ? _____

   C Xavier demande qu'on lui envoie quelque chose. Qu'est-ce que c'est ? _____

Mantes-la-Jolie, le 20 mars

Monsieur,

   J'ai trouvé votre adresse dans une brochure sur la Nièvre. Je vous écris pour vous demander des renseignements supplémentaires sur les possibilités de faire de la photographie dans votre centre.

   Y a-t-il des classes pour débutants ? Est-ce qu'on peut louer du matériel ? Je voudrais savoir également le prix des leçons et, éventuellement, de location de matériel. Veuillez m'envoyer une brochure sur votre centre.

   Dans l'attente de vous lire, je vous prie d'agréer, Monsieur, l'expression de mes sentiments les plus distingués.

Xavier Leroy

2 Écrivez une lettre à l'association qui correspond le mieux aux activités que vous faites pendant votre temps libre. Vous pouvez demander des renseignements sur les activités ou les cours ou les possibilités de louer du matériel.

E Qu'est-ce que tu fais comme loisirs ?

Interviewez un(e) partenaire pour savoir quelque chose sur ses loisirs/passe-temps.

Exemple :
– *Qu'est-ce que tu fais comme loisirs ?*
– *Tu en fais depuis combien de temps ?*

– *Tu en fais avec qui ?*
– *Tu en fais où ?*

– *Tu en fais souvent ?*
– *Cela coûte cher ?*

Je suis sportif !

Ⓐ C'est quel sport ?

1 Quels sports sont décrits dans les paragraphes qui suivent ?

A C'est un sport qui se pratique à l'extérieur. On le fait à vélo sur les routes. La personne qui arrive en premier gagne la course.

C'est _____

B Ce sport se pratique à l'extérieur, en général. C'est un sport d'équipe et chaque équipe comprend onze joueurs. On joue avec un ballon rond. L'objectif est de marquer davantage de buts que l'autre équipe. Un seul membre de chaque équipe a le droit de toucher le ballon avec les mains.

C'est _____

C C'est un sport qui se pratique à l'extérieur ou à l'intérieur. On joue à deux ou à quatre. Pour jouer, il faut de petites balles, des raquettes et un filet.

C'est _____

D C'est un sport qui se pratique à l'extérieur. On joue à deux ou en équipe avec des clubs et une petite balle blanche. Le but est de placer la balle dans un trou à l'aide du club.

C'est _____

E C'est un jeu qui se pratique dans le sud-ouest de la France, à l'extérieur ou à l'intérieur. On joue en équipe de trois joueurs. Les joueurs lancent une balle contre le mur à l'aide d'une chistera.

C'est _____

2 Regardez les photos. Donnez une définition du sport qui est illustré sur chaque photo.

A _____
_____
_____
_____
_____
_____

B _____
_____
_____
_____
_____

PARACHUTISME
Découverte
Initiation...
Entrainement

sauf Tandem d'initiation
en parachute biplace
avec un moniteur diplômé d'ÉTAT

Renseignements et inscription
CENTRE ECOLE REGIONAL DE PARACHUTISME
Aérodrome de ROYAN-MEDIS

B C'est pour offrir

On offre des cadeaux à Noël, pour l'anniversaire de naissance ou de mariage, ou pour les fêtes. Trouvez les cadeaux en remplissant les blancs.

1 La semaine prochaine, Alain va avoir ses quinze ans. Comme il aime beaucoup le tennis, je vais lui offrir une _____ et des _____ pour son anniversaire.

2 Agnès a réussi son bac. Ses parents vont lui offrir un _____ neuf : elle adore le cyclisme.

3 On arrive aux fêtes de fin d'année. Bernard adore le football. Je vais lui offrir un _____ et un _____ aux couleurs de son club favori.

4 C'est bientôt l'anniversaire de mariage de mes parents. Ils adorent jouer au golf, alors je vais leur offrir des _____.

des balles	des clubs	un maillot
une raquette	un vélo	un short

C Moi, j'aime surtout . . .

Monique fait une petite enquête sur les sports. Écoutez les quatre jeunes gens qui parlent de leurs sports préférés et complétez la grille.

Nom	Sport	Pourquoi pratique-t-il/elle ce sport ?
Léone		
Frédéric		
Christophe		
Marie-France		

D Tu fais quoi comme sport ?

Avec un(e) partenaire, discutez des sports que vous aimez pratiquer. Quel est votre sport préféré ? Expliquez quand vous le pratiquez et avec qui. Pourquoi préférez-vous ce sport ?

Bon voyage !

A On y va !

Avant de partir en voyage, il faut choisir un moyen de transport. Ces quatre voyageurs ont des opinions sur le moyen de transport qu'ils préfèrent.

Quand Yvonne part en voyage d'affaires, elle voyage presque toujours en train, parce que le TGV est très rapide. La semaine prochaine, elle part pour l'Espagne et elle y va en avion.

Jean ne voyage pas souvent et il est plutôt nerveux. La semaine prochaine, il va dans le Nord voir sa fille qui s'est installée là-bas. Il voyage en train, mais à Paris il faut changer de train. Pour traverser Paris il prend toujours un taxi, parce qu'il s'égare facilement dans le métro.

Élise n'a pas beaucoup d'argent. Elle cherche toujours le moyen de transport le moins cher. Généralement elle voyage en car. C'est un peu plus long que le train mais c'est moins cher, et la gare routière est près de chez elle. La semaine prochaine, elle part pour le Midi.

Étienne voyage toujours en voiture, parce qu'il peut transporter facilement ses affaires. Il n'aime pas beaucoup prendre l'autoroute ; il préfère suivre les petites routes tranquilles. La semaine prochaine, il va voir des amis qui habitent en Savoie.

1

Je n'aime pas les autoroutes, et sur les routes nationales c'est moins cher : il n'y a pas de péages.

C'est _____ qui parle.

2

J'arrive à Madrid à 11 h 35.

C'est _____

3

Il faut six heures de route pour aller jusqu'à Annecy.

_____

4

Un aller retour pour Lille, s'il vous plaît. Combien de temps faut-il compter pour traverser Paris ?

_____

5

Je préfère prendre le train, mais pas quand je vais à l'étranger. Je prends l'avion.

_____

6

Je voudrais avoir des renseignements sur les cars en direction de Toulon, s'il vous plaît. C'est combien un aller retour pour Toulon ?

_____

B Moi, je préfère...

Complétez les phrases suivantes.

1 Moi, je préfère voyager _____ parce que _____
_____

2 Je n'aime pas voyager _____ parce que _____
_____

3 Pour aller à l'école/au lycée je _____ parce que _____
_____

ⓒ C'est utile !

 A _____
_____
_____

 B _____
_____
_____

 C _____
_____
_____

 D _____

 E _____
_____
_____

 F _____

1 Vous êtes à la gare. Regardez les panneaux et écrivez le nom du service correspondant.

> Informations-Réservations
> Bureau des objets trouvés
> Informations pour voyageurs porteurs handicaps
> Salle d'attente
> Consigne automatique
> Point de rencontre

2 Avec un(e) partenaire, vous choisissez trois panneaux chacun. Expliquez à votre partenaire le service indiqué sur chaque panneau.
Exemples :
Si tu n'as pas de billet, tu peux aller au guichet.
Si tu n'as pas de billet, il faut aller au guichet.
Ensuite, votre partenaire vous explique les trois autres panneaux.

ⓓ Renseignez-vous !

Trois voyageurs se renseignent sur des voyages qu'ils veulent faire.
Écoutez la cassette et complétez la grille.

Client	Destination	Départ	Arrivée
Client/Cliente 1			
Client/Cliente 2			
Client/Cliente 3			

ⓔ Réservez une place !

TARBES - LOURDES - BORDEAUX - PARIS

GARES												
											Sens TARBES - PARIS	
	(1)	(2)	TF ♀	TF ♿	✗ ♿ ♂ ♀ TF	✗ ♿ TF	(3)TF	(4)	(4)	(4)	CC VL TF	CC
TARBES ✗	5.09	7.32	8.37	8.37	11.11	14.41	16.02	16.02	17.22	19.18	22.12	22.33
LOURDES ✗	5.26	7.48	8.54	8.54	11.27	14.57	16.20	16.20	17.38	19.38	22.32	22.52
PAU ✗	5.55	8.16	9.23	9.23	11.55	15.25	16.52	16.52	18.06	20.08	23.05	23.29
DAX	6.54	9.06	10.26	10.41	12.46	16.16	18.57	18.02	18.57	21.20	0.18	0.41
BORDEAUX ✗	8.13	10.15	11.43	11.49	13.53	17.23	19.16	19.16	20.05	22.44		1.57
	8.27	10.19	11.56	11.53	13.57	17.27	19.27	19.30	20.07	22.48		2.06
PARIS-AUST. ✗			17.10					23.49		5.47	7.15	7.21
PARIS-MONTP.	11.30	13.35		15.05	17.00	20.30	22.30		23.30			

PARIS - BORDEAUX - LOURDES - TARBES

GARES												
							Sens PARIS - TARBES					
	(5) TF	† TF	(2)	♿ ♀	✗ ♿ TF	✗♿♂ TF	♀ (6)	✗♀♿	✗ • Ve (4)	CC TF	CC VL TF	
PARIS MONTP.			7.55		10.00	14.00		17.40				
PARIS-AUST. ✗				7.41			14.06		18.05	22.30	23.00	
BORDEAUX ✗			11.08	12.55	12.58	16.58	18.23	20.48	22.33	3.37		
	6.44	7.14	11.10	13.12	13.01	17.01	18.29	20.51	22.36	4.03		
DAX	8.26	8.43	12.23	14.28	14.28	18.07	14.46	21.57	23.54	5.18	6.00	
PAU ✗	9.21	9.42	13.14	15.27	15.27	18.57	19.23	22.48	0.52	6.35	7.16	
LOURDES ✗	9.50	10.10	13.40	15.56	15.56	19.23	21.48	23.14	1.17	7.15	7.45	
TARBES ✗	10.08	10.25	13.55	16.12	16.12	19.41	22.07	23.31	1.33	7.35	8.04	

Avec un(e) partenaire, faites un dialogue.
A Votre partenaire choisit une destination : Bordeaux, Dax, Pau, Lourdes ou Tarbes, et il/elle ferme son livre. Vous êtes l'employé(e) de la gare SNCF à Paris. Votre partenaire réserve une place dans le train. Il/elle veut arriver à destination dans la soirée, avant 20 heures.
B Quand votre partenaire a fait sa réservation, fermez votre livre. Votre partenaire est l'employé(e) et vous êtes le/la client(e). Réservez une place pour le voyage de retour pour la destination choisie par votre partenaire. Vous voulez prendre un train direct et arriver à Paris entre midi et 17 heures.

En vacances

A C'est bien comme camping ?

CAMPING - CARAVANING ★★★★

LE CLOS FLEURI

près de ROYAN
17600 Médis
☎ 46.05.62.17

Le camping du Clos Fleuri jouit d'une situation idéale pour ceux qui aiment des vacances variées. La proximité de la mer permet des excursions le long de la côte et dans les îles. L'arrière-pays offre un patrimoine historique de grande richesse et des spécialités gastronomiques. **LE CLOS FLEURI** est un camping quatre étoiles qui vous offrira le calme et le confort, pour un séjour ou une étape pendant vos vacances charentaises.

Aux portes de ROYAN, **LE CLOS FLEURI** vous accueille dans son parc de trois hectares aménagé dans une ancienne ferme charentaise.

LE CLOS FLEURI vous offre du 1er juin au 15 septembre les avantages d'un camping familial avec :
– 140 emplacements de 100 m2 et plus
– 2 blocs sanitaires
– sa PISCINE, son MINIGOLF, son SAUNA
– un BAR, un RESTAURANT, une ÉPICERIE
– ses PLATS CUISINÉS, ses GLACES
– des JEUX POUR ENFANTS ET POUR ADULTES (tennis de table, terrain de foot, volley, VTT)
– des ANIMATIONS POUR TOUS plusieurs fois par semaine (concours, soirées...)
à 2 500 m de la zone commerciale de Royan
à 3 500 m de la plage de St Georges de Didonne
à 5 km de la plage de Royan
à 15 km de la Palmyre : forêt, plage, zoo.
à 1 heure de COGNAC, LA ROCHELLE
VACANCES AU CLOS FLEURI: LA CAMPAGNE ET LA MER

Lisez la publicité pour un camping dans le département de la Charente-Maritime. Répondez aux questions des campeurs qui veulent se renseigner sur ce camping.

① *C'est loin des magasins ?*

_____

② *Moi, j'aime le tennis de table. On peut en faire dans ce camping ?*

_____

③ *C'est loin de la mer ?*

_____
_____
_____
_____

④ *Il y a de la place pour combien de tentes et de caravanes ?*

_____
_____

⑤ *Quelles sont les possibilités pour manger ?*

_____
_____
_____

⑥ *Le camping est ouvert toute l'année ?*

_____
_____

 **B À l'hôtel**

1 Vous travaillez à la réception d'un petit hôtel. Écoutez ces clients qui
téléphonent pour réserver une chambre et complétez la grille.

Nom	Nombre de personnes	Dates du séjour	Prestations particulières (régime spécial ; personnes avec handicaps, etc.)

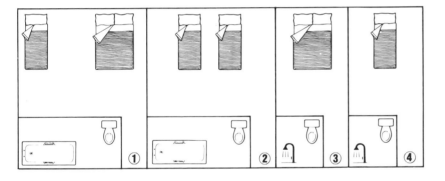

2 Regardez le plan des chambres
et décidez dans quelles
chambres vous allez mettre les
clients. Expliquez pourquoi.

A Chambre numéro _____ est

pour _____

_____

_____

B Chambre(s) numéro(s) _____

est/sont pour _____

_____

_____

_____

_____

_____

C Faites une réservation

Avec un(e) partenaire, faites un dialogue. Vous êtes le/la
réceptionniste et votre partenaire un(e) client(e). Réservez
une chambre d'hôtel. N'oubliez pas de préciser :
– les dates
– le nombre de personnes
– le nombre et les lits nécessaires
– et votre nom.

Les régions (1)

🎵 Ⓐ Tour de France à vol d'oiseau

Écoutez la cassette en regardant bien la
carte. Écrivez dans les blancs le nom :
– de la Région
– de la mer ou du fleuve
– de la langue régionale

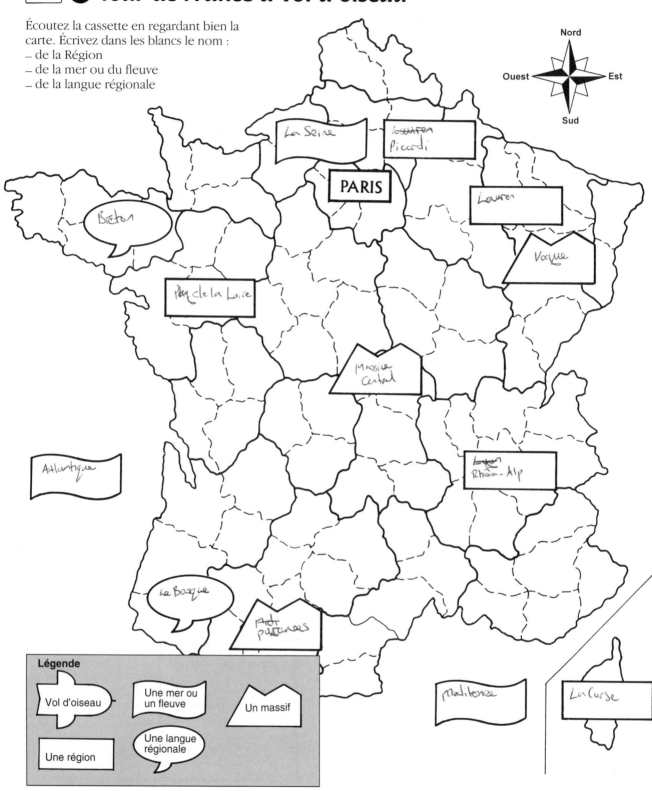

Légende

Vol d'oiseau

Une mer ou un fleuve

Un massif

Une région

Une langue régionale

B Le temps qu'il fait

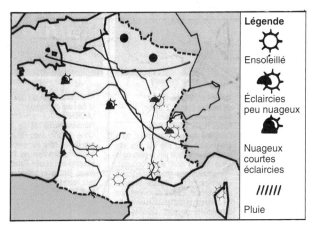

Légende

☀ Ensoleillé

⛅ Éclaircies peu nuageux

☁ Nuageux courtes éclaircies

////// Pluie

Des personnes, partout en France, font des projets pour demain. Regardez les prévisions météo. Donnez-leur des conseils.
Exemples :
Allez-y, il va faire chaud.
Vous avez de la chance, il va faire très beau.
Il ne faut pas y aller, il va pleuvoir.
N'oubliez pas votre parapluie, il va pleuvoir.

1 « *Je voudrais faire une promenade à vélo avec mon fils Frédéric.* »
Alain, Rennes, Bretagne
Conseil _____

2 « *Ma sœur et moi partons en vacances en Corse. Nous partons de l'aéroport de Lille.* »
Thérèse, Lille, Nord-Pas-de-Calais
Conseil _____

3 « *J'habite près de la mer et j'ai la chance d'avoir un bateau. Je voudrais faire de la voile demain après-midi.* »
Martin, Bandol, Côte d'Azur
Conseil _____

C Si vous aviez une résidence secondaire . . .

Trois jeunes gens parlent de leur résidence secondaire idéale. Écoutez la cassette et répondez aux questions. Décidez quelle image correspond au rêve de Marie-Ève, de Dominique et de Jeanne. Comment serait la résidence de Marie-Ève ? Et les deux autres ?

A La maison de Marie-Ève serait _____

B La maison de Dominique _____

C La maison de Jeanne _____

A C'est le rêve de _____ **B** _____ **C** _____

D Et votre résidence secondaire idéale ?

Décrivez pour votre partenaire la résidence secondaire de vos rêves. Où serait-elle ?

Les régions (2)

Ⓐ On s'installe à Grenoble ?

La famille Gérard doit prendre une décision importante. On a offert à Madame Gérard, qui travaille dans la recherche scientifique, un emploi à Grenoble. La famille serait logée par l'entreprise, près de l'usine, dans la banlieue de Grenoble.

1 Lisez toutes les informations sur Grenoble et notez sur la grille les « avantages » et les « inconvénients » du déménagement pour chaque membre de la famille.

Grenoble, carrefour des Alpes

404 700 habitants
(agglomération).
10ᵉ agglomération française.
3 500 entreprises créées
annuellement.
213 mètres d'altitude
3 massifs montagneux :
Belledonne (2 981 m) à l'est
Chartreuse (2 087 m) au nord
Vercors (241 m) à l'ouest
Distance Grenoble - Paris :
537 km (autoroute)
Grenoble - Marseille : 350 km
Grenoble - Lyon : 100 km
Grenoble - Turin : 240 km

Grenoble, ville olympique
20 stations de sports d'hiver
situées entre 12 km et 70 km
Dans l'agglomération : un palais
des sports et une patinoire
couverte, 20 piscines, 258 courts
de tennis et 4 terrains de golf.

Grenoble, ville universitaire
4 centres nationaux de recherche
40 000 étudiants
8 écoles nationales supérieure
d'ingénieurs.
3 universités : – scientifique et
de médecine
– sciences sociales
– langues et lettres

Grenoble, ville culturelle
10 théâtres et centres culturels
17 musées
De l'art antique à l'art
contemporain, il y a des musées et
des collections pour plaire à tout le
monde. Des visites commentées
vous emmènent à travers les rues
au cœur de la vieille ville.

Profil de la famille Gérard

Madame Gérard
Depuis vingt ans, elle habite une maison de campagne dans la région parisienne. Elle aime la nature et s'intéresse à l'ornithologie. Elle n'est pas très sportive. Elle travaille beaucoup.

Monsieur Gérard
Il est sportif : il fait du footing tous les soirs, et pendant les vacances de février, part avec ses enfants faire du ski. Il est par passionné l'histoire et travaille comme sous-directeur de musée à Paris. Il aime bien habiter à la campagne mais il n'aime pas faire le trajet tous les jours jusqu'à Paris.

Julie Gérard
Elle a 15 ans. Elle adore les sports d'hiver, surtout le ski de fond. Elle est très attachée à ses grands-parents maternels qui habitent Paris. Au collège, elle a de bons résultats, et surtout en langues : elle fait italien et allemand.

Pierre Gérard
Il est en terminale. Il a 18 ans et aimerait faire des études d'ingénieur. Il aime bien les sports. Sa petite amie, Sylvie, a l'intention de faire ses études de pharmacie à Grenoble. Il aimerait bien habiter en ville.

	Mme Gérard	M. Gérard	Julie	Pierre
Famille/Amis : Avantage	/	/	/	*Sa petite amie fait ses études à Grenoble*
Famille/Amis : Inconvénient	*Loin de ses parents*	/	*Loin de ses grands-parents*	/
Logement : Avantage				
Logement : Inconvénient				
École/Éducation : Avantage				
École/Éducation : Inconvénient				
Loisirs : Avantage				
Loisirs : Inconvénient				

A D'après vous, quel est le plus grand inconvénient pour la famille Gérard ?

_____

_____

B D'après vous, quel est le plus grand avantage pour la famille Gérard ?

_____

_____

2 Mettez-vous en groupes de quatre personnes. Chacun prend le rôle d'un membre de la famille Gérard – Monsieur Gérard, Madame Gérard, Pierre ou Julie – et essaie de convaincre les autres de son point de vue. Qui veut rester à Paris et qui veut s'installer à Grenoble ? Que fait la famille Gérard ?

🔲 Ⓑ Vous avez changé de région ?

Écoutez l'interview du caporal Jandot. Il vient d'un village, Campan, près de Bagnères, mais en ce moment il est à Bordeaux. Il parle des contrastes entre les deux régions. Trouvez les différences qu'il mentionne et notez-les sur la grille.

	À Bordeaux	À Campan
Ville/village		
Loisirs		
Sports		

1 Est-ce qu'il est content/pas content d'être à Bordeaux ? Expliquez pourquoi. _____

_____

2 Quelle est son ambition ?_____

_____

Vous avez bien compris ?

Ⓐ Sigles

Un sigle se compose de lettres qui représentent des mots, par exemple, RF représente République française et RATP représente Régie autonome des transports parisiens. Que veulent dire les sigles suivants ?

1 ANPE

    a Agence nationale pour l'emploi ☐

    b Agence nationale des parents dans l'éducation ☐

    c Agence nationale des parents d'élèves ☐

2 SDF

    a Société des domaines féodaux ☐

    b Sans domicile fixe ☐

    c Société pour la défense de la France ☐

3 RN

    a Restaurants nationaux ☐

    b Route nationale ☐

    c Rallye national ☐

4 ULM

    a Ultra lourd motorisé ☐

    b Ultra léger motorisé ☐

    c Ultra légitimiste moderne ☐

5 PAC

    a Parti des activistes communautaires ☐

    b Parti pour l'action chrétienne ☐

    c Politique agricole commune ☐

6 PME

    a Prévisions météorologiques ☐

    b Petites et moyennes entreprises ☐

    c Parti du mouvement écologique ☐

7 PIB

    a Produit intérieur brut ☐

    b Politique internationale bretonne ☐

    c Parti pour l'indépendance de la Bretagne ☐

8 TGV

    a Transports généraux vosgiens ☐

    b Train à grande vitesse ☐

    c Traiteur en gros de viande ☐

9 SNCF

    a Société nationale des chats français ☐

    b Société nationale des chemins de fer ☐

    c Société nationale des cyclistes français ☐

Ⓑ Trouvez l'intrus !

Dans chacune des listes suivantes il y a un mot qui ne va pas avec les autres.
Soulignez l'intrus. Expliquez pourquoi ce mot ne va pas avec les autres.
Exemple :
Chat, chien, poisson, vache, lion
Le poisson vit dans la mer.

1 Américains, Grecs, Romains, Francs, Vikings.

_____

2 Côte-d'Ivoire, Kenya, Tchad, Sénégal, Algérie.

_____

3 14 juillet, 3 juin, 25 décembre, 1er mai, 1er janvier.

_____

4 Dunkerque, Calais, Le Havre, Marseille, Lyon.

_____

5 Camille Pissarro, Claude Monet, Auguste Renoir, Marcel Proust, Gustave Courbet.

_____

C Mots croisés

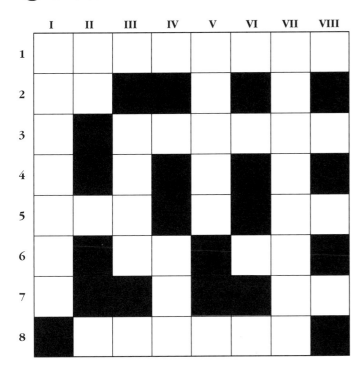

Horizontalement

1 La carte de la France a la forme d'un...
2 ..., deux, trois.
3 Les pommes et les cerises sont des...
5 Louis XIV était le...de France. Est-ce que tu as...valise ?
6 Tu...lèves à quelle heure le matin ? J'...un appartement en centre-ville.
7 Le gallo-romain se divise en deux groupes : la langue d'oïl et la langue d'...
8 Quelqu'un qui est originaire de la Bretagne est...

Verticalement

I On mange des...au réveillon de Saint-Sylvestre.
II Le Président n'est pas en France, il est parti...visite officielle.
III On se...la bise pour se dire « bonjour » et « au revoir ».
IV En...il fait très chaud en Corse.
V La...était une province romaine.
VII La...est un sport qui se pratique à la piscine ou dans la mer.

D C'est qui ?

Trouvez le nom qui correspond à chaque phrase.

1 _____ est un chef gaulois qui résiste aux Romains.

2 _____est le roi des Francs et il choisit Paris comme capitale.

3 _____ assiste à la libération d'Orléans en 1429.

4 Le roi _____ est guillotiné pendant la Révolution française.

5 _____ devient empereur des Français en 1804.

6 Sous la loi _____ de 1881, l'enseignement primaire gratuit est introduit.

7 _____ est le chef du gouvernement provisoire d'après-guerre et président de la République de nouveau en 1959.

8 _____ est socialiste et il devient le président de la République en 1981.

François Mitterrand	Vercingétorix	Jules Ferry
Jeanne d'Arc		Clovis
Charles de Gaulle	Napoléon Bonaparte	Louis XVI